WILLIAM HENRY HURLBERT

VOYAGE EN FRANCE

D'UN

DÉMOCRATE AMÉRICA

PENDANT

L'ANNÉE DU CENTENAIRE

PARIS
CALMANN LÉVY, ÉDITEUR
RUE AUBER, 3, ET BOULEVARD DES ITALIENS, 15
A LA LIBRAIRIE NOUVELLE

1890

VOYAGE EN FRANCE
D'UN
DÉMOCRATE AMÉRICAIN
PENDANT
L'ANNÉE DU CENTENAIRE

PAR

WILLIAM HENRY HURLBERT

VOYAGE EN FRANCE

D'UN

DÉMOCRATE AMÉRICAIN

PENDANT

L'ANNÉE DU CENTENAIRE

PAR

WILLIAM HENRY HURLBERT

PARIS
CALMANN LÉVY, ÉDITEUR
RUE AUBER, 3, ET BOULEVARD DES ITALIENS, 15
A LA LIBRAIRIE NOUVELLE
—
1890

PRÉFACE

Je me demandais, il y a un an, et je me demande encore aujourd'hui quelle mouche a pu piquer les hommes d'État de la troisième République, le jour où ils ont décidé de célébrer par une Exposition universelle le Centenaire de 1789.

Ce n'était pas assurément pour fonder une République que le roi Louis XVI a convoqué, à Versailles, les États Généraux de la Monarchie; et ce n'est qu'en déchirant la Constitution et qu'en foulant aux pieds les principes de 1789 que la première République française s'est imposée au pays, en 1792 (1).

Pour nous autres, Américains des États-Unis, la date de 1789, si elle nous rappelle l'installation de

---

(1) Elle était si peu française cette première République que les ennemis de la France ne demandaient pas mieux que de la reconnaître. Les remarquables travaux de M. de Bourgoing ne laissent aucun doute sur ce point. Pour l'Angleterre de George III, la République française de 1792 paralysait la force de la France en Europe, comme pour Louis XIV, la République anglaise du xvii° siècle avait paralysé en Europe la force de l'Angleterre.

Washington à New-York comme premier président de la République, nous impose aussi certains devoirs envers la France de l'ancien régime et la Maison de Bourbon.

Nous ne pourrons jamais oublier que les hommes d'État de la vieille Monarchie ont mieux su comprendre les principes de la liberté Américaine que les idéologues et les empiriques de la première République.

Bien avant 1789, nos aïeux, élevés dans la passion de la liberté individuelle et dans la pratique de la liberté législative, ont trouvé l'accueil le plus cordial et le plus sympathique dans les salons dorés de Paris et sous les drapeaux fleurdelisés de Louis XVI.

Les moines très peu monastiques du couvent de M. de Voltaire s'accommodaient parfaitement du despotisme de Catherine de Russie et de Frédéric de Prusse; mais quand Washington s'est retiré dans ses terres de Virginie, pour méditer les bases de la Constitution qui régit encore les États-Unis, il a emporté avec lui l'*Esprit des lois* d'un noble Français, né sous le règne de Louis XIV.

Venu en France au mois de janvier 1889, après un séjour en Italie, j'ai trouvé le peuple français tout en émoi. On venait de poser la candidature du général Boulanger dans le département de la Seine, et tout le monde était d'accord qu'il s'agissait non de la simple nomination d'un député qui prendrait tranquillement sa place sur les bancs d'une Assemblée, mais de l'existence même de la Chambre et de la République.

On aurait dit Dumouriez revenant de l'armée du Nord, pour hypnotiser Marat et les Jacobins dans les salons de Talma, ou l'ombre gigantesque de Bonaparte vainqueur d'Italie, planant de nouveau sur Paris et glaçant d'effroi les détenteurs d'un pouvoir trop lourd pour leurs mains débiles.

Tout m'a rappelé les étranges spectacles auxquels, jeune collégien traversant l'Europe en touriste, j'avais assisté lors des débuts du prince Louis-Napoléon à Paris et pendant l'agonie de la deuxième République.

Vingt ans après, en 1869, j'ai pu observer de près une crise analogue; mais la crise du second Empire semble avoir été amenée par le gouvernement de l'Empereur. Je me souviens d'avoir entendu dire à cette époque dans un salon de Paris : « L'Empereur ne veut ni la guerre à l'étranger, ni la liberté à l'intérieur, mais il fait galoper l'imagination des Français à la plate-longe comme dans le tableau de Wouwermans qui représente un cheval attaché à un poteau et galopant comme dans un cirque. »

Après la crise de 1869, l'Empereur a fait appel au peuple en lui demandant une nouvelle affirmation du gouvernement personnel, et cette nouvelle affirmation le peuple la lui a donnée par près de huit millions de suffrages.

J'en exprimais mon étonnement à un ami que je voyais à Paris avant mon départ pour l'Amérique.

C'était au mois de juin 1870 et jamais, ni avant ni après, Paris n'a brillé d'un pareil éclat.

Cet ami m'a répondu : « Que voulez-vous, ce bon peuple français si remuant, si frondeur, si égalitaire a toujours et pourtant quatorze siècles de monarchie dans la moelle des os. »

II

Qu'est-ce que la Monarchie ?

Je veux bien croire qu'il existe encore dans la vieille Europe des gens de bonne foi pour qui les rois règnent et gouvernent ou règnent et ne gouvernent point, *par Dieu*. Ils ont peut-être raison, je ne les critique pas. Né et nourri dans les principes de la démocratie américaine, je veux la tolérance pour toutes les opinions. Mais si je ne conteste pas le « droit divin » des rois qui savent bien régner ou bien gouverner, j'insiste aussi pour que l'on admette le droit divin des Républiques bien organisées et honnêtement administrées.

C'est la doctrine du christianisme : « Tous les gouvernements sont de Dieu. »

Mais le premier devoir de n'importe quel gouvernement est de gouverner, et pour qu'un gouvernement gouverne, il lui faut un vrai dépositaire du pouvoir exécutif jouissant d'une véritable indépendance et soumis à une responsabilité réelle envers la nation. Un tel dépositaire du pouvoir exécutif est tout bonnement un monarque. On lui donnera le titre qu'on voudra. Il sera roi ou président, gonfalonnier ou podestat. Il sera nommé pour la vie comme les papes ou comme autrefois les rois de Pologne; il sera nommé pour un terme fixe comme les présidents des États-Unis ou comme les doges de Gênes après Andrea Doria. Mais autant qu'il jouira d'une véritable indépendance et autant qu'il sera soumis à une véritable responsabilité, il sera monarque.

Dans les deux pays les plus libres et les mieux constitués de l'Europe, l'Angleterre et la France, le droit public a reposé pendant de longs siècles sur deux principes reconnus : la transmission du pouvoir exécutif par hérédité et la religion d'État.

Dans ces deux pays, à différentes époques, les bases de la société ont été fortement ébranlées par le désaccord de ces deux principes.

En Angleterre, sous Henri VIII, une modification profonde a été imposée à la religion de l'État par la volonté du roi légitime. Après de longues secousses sociales et politiques, la religion d'État, de catholique devenue protestante, a triomphé du principe de l'hérédité légitime. Les Stuarts redevenus catholiques ont été chassés du trône et remplacés par la race protestante des Guelfes de Hanôvre.

En France, après l'assassinat de Henri III, la religion de l'État restée catholique et représentée surtout par la foi ardente et passionnée du bon peuple de Paris, a su opposer à l'avènement au trône de l'héritier devenu huguenot une résistance si acharnée que, pour se tirer d'affaire et pour sauver la paix publique, le grand Béarnais a fini par abjurer le protestantisme et par trouver que Paris valait bien une messe.

N'est-il pas clair qu'en France, comme en Angleterre et longtemps avant 1789, on a reconnu dans le principe monarchique, le principe conservateur de l'indépendance et de la responsabilité du pouvoir exécutif?

Les circonstances sociales et politiques n'ont pas permis aux fondateurs de la République américaine de s'appuyer sur le principe héréditaire, mais ils ont su si bien protéger et fortifier le pouvoir exécutif que notre présidence, véritable monarchie élective, a parfaitement résisté aux épreuves de cent années et au choc de la plus terrible guerre civile de l'histoire moderne.

Faut-il donc s'étonner si comme démocrate et comme Américain j'ai tenu à observer de près les phénomènes qui se sont produits en France, au mois de janvier 1889, deux siècles après la naissance de Montesquieu, cent ans après le serment du Jeu de Paume, la prise de la Bastille et le pillage des châteaux?

III

Fait significatif qui me frappe au début de mes recherches!

Ce n'est que depuis l'élection à la présidence de M. Grévy, en 1879, qu'on a mis en question l'existence de la République comme forme de gouvernement.

La République n'a jamais en France été l'œuvre

du peuple français. C'est un fait capital dont on ne se rend pas assez compte à l'étranger.

A la veille même de la guerre de 70 et bien après l'expédition du Mexique et Sadowa, le peuple français avait témoigné, par des millions de voix, son antipathie pour le régime républicain.

Mais l'Empire ayant été renversé par les émeutiers de Paris pendant l'invasion, le peuple français a fait preuve de bon sens et de patriotisme en acceptant la République telle que M. Thiers et l'Assemblée nationale avaient pu l'organiser à Bordeaux en 1871.

Malgré l'empressement mis par les hommes du 4 Septembre à s'emparer des places, la machine gouvernementale était restée à peu près ce qu'elle avait été sous l'Empire. Le gouvernement disposait d'un personnel exercé, discipliné et capable. Pendant deux ans, M. Thiers a conduit personnellement et presque en dictateur les grandes négociations pour la libération du territoire.

Pendant ce temps, les conservateurs, les gens « modérés », c'est-à-dire les hommes sérieux de tous les partis, ont travaillé à rétablir les affaires du pays. Il ne s'agissait pas de la forme du gouvernement, il s'agissait de l'existence même de la France, mise en péril encore plus par les folies sanglantes de la

Commune que par les triomphes de l'armée allemande.

On a reconstitué le pays. Malgré l'opposition plus ou moins ouverte de M. Thiers, on a dissous la garde nationale. On a fixé le siège du gouvernement à Versailles, remettant ainsi Paris à sa place et revendiquant enfin pour la France la direction de ses destinées trop souvent escamotées par les agitateurs et les ambitieux de la Capitale.

Les conservateurs auraient-ils pu s'entendre à cette époque, pour fonder, avec l'aide de M. Thiers, un système monarchique quelconque? Des gens très compétents le pensent. Ils ont peut-être raison. Mais ce sont là des discussions académiques. On aurait eu à compter avec l'Allemagne.

Arminius vainqueur, guettant d'un œil inquiet son adversaire mutilé mais toujours vivant, aurait-il assisté impassible à la solution définitive du problème dynastique en France?

M. Thiers ayant donné sa démission, son successeur, militaire et royaliste, mais avant tout homme d'honneur et honnête homme, s'est préoccupé très peu de l'étiquette gouvernementale mais beaucoup de la bonne gestion des affaires du pays.

Grâce au dévouement et à l'habileté des hommes d'État qu'il a appelés auprès de lui, il a pu rétablir les finances, acquitter l'énorme indemnité imposée par les vainqueurs, réorganiser l'armée.

Sept ans après Sedan, les conservateurs avaient si bien reconquis, pour la France, son rang et son prestige dans le monde, que l'Allemagne, toujours sous la domination du parti militaire, s'en est sérieusement inquiétée.

Malheureusement pour la France et pour les institutions républicaines, les radicaux français, avides de jouir du pouvoir, ont servi à souhait les ennemis de leur patrie. Ils se sont coalisés, sous les ordres de Gambetta, pour renverser le président de la République. Le maréchal aurait-il pu triompher de leurs attaques s'il avait su mieux s'entendre avec M. Jules Simon, ce type du républicain français modéré et éclairé? On me l'a dit, je n'en sais rien. Pour ceux qui aiment la France, ce qu'il y a de plus clair dans cette triste histoire c'est que M. Thiers a eu absolument raison quand il a dit à Bordeaux : « La République sera conservatrice ou elle ne sera pas. »

En France comme ailleurs, il faut, pour exister, que la République offre des garanties sérieuses de la paix publique et des droits privés.

Il faut qu'elle sache assurer la liberté dans la loi et le progrès dans l'ordre. Comment y arriver si on enlève au pouvoir exécutif, pivot indispensable du mouvement social et politique, sa stabilité et son indépendance ?

En Angleterre même, la lutte s'engage entre le principe héréditaire, qui a fait la force des institutions anglaises dans le passé, et le radicalisme parlementaire, qui verse dans ce que M. de Leusse a parfaitement qualifié de « puérilités, » l'obstructionisme et l'instabilité administrative.

Chez nous, aux Etats-Unis, les fondateurs de l'Union, nés et élevés sous la monarchie constitutionnelle, ont trouvé moyen de si bien fortifier le pouvoir exécutif contre les empiétements calculés des Chambres et les mouvements irréfléchis de l'esprit populaire, que la République américaine a pu logiquement célébrer, en 1889, un vrai centenaire de liberté et de progrès.

Dans un Etat libre, le chef du pouvoir exécutif, quel que soit son titre, doit être et rester selon l'admirable expression de M. le Comte de Paris, « le premier serviteur du pays ».

Il doit être, ce qu'il est chez nous, monarque, c'est-à-dire seul à supporter en dernier ressort la responsabilité du pouvoir exécutif. N'est-il pas absurde de partager cette responsabilité entre cinq cents membres d'un Corps législatif?

En mettant le maréchal en demeure de se soumettre ou de se démettre, M. Gambetta et ses amis ont tout bonnement décapité la République française. Dans son discours du 30 janvier 1879, M. Grévy, nommé Président de la République par une majorité parlementaire, a formellement abdiqué les droits qui appartiennent au chef du pouvoir exécutif dans un pays libre, comme il en a renié les devoirs. De premier serviteur de la France il s'est transformé en premier huissier d'une majorité éphémère et parlementaire.

De ce jour néfaste, la République conservatrice est devenue forcément et logiquement impossible en France. Dans de pareilles conditions, elle deviendrait également impossible aux États-Unis. Naturellement, donc, c'est l'existence de la République elle-même, comme forme de gouvernement, qui est en question en France depuis 1879. Et ce sont les républicains eux-mêmes qui l'ont voulu !

Persécutions anti-religieuses, gaspillage du trésor public, invalidations systématiques des élus du suffrage universel, candidatures officielles appuyées par les promesses et les menaces, tous les scandales enfin découlent de l'amoindrissement du pouvoir exécutif sous le régime parlementaire. Ce qu'on appelle en France le Wilsonisme, est la maladie caractéristique, inguérissable, du système républicain tel qu'il existe depuis 1879. On en trouve le microbe dans la maxime de Danton : « Les dépouilles appartiennent aux vainqueurs. »

Sous ce régime, le parlementarisme n'a jamais été et ne sera jamais que la guerre civile en permanence. Est-ce autre chose qu'un cri de guerre que la phrase trop fameuse de Gambetta : « Le cléricalisme, voilà l'ennemi ? »

J'ai parcouru la France pendant l'année 1889, en observateur et en ami, de Marseille jusqu'à Nantes, de Nancy jusqu'à Bordeaux, des Vosges jusqu'à l'Atlantique, de la Manche jusqu'à la Méditerranée.

Démocrate, je comprends, sans absolument le partager, le fanatisme sentimental des talons rouges et des marquises poudrées du siècle passé pour les Droits de l'Homme ; protestant de race, je comprends les fureurs des grandes guerres de religion ; mais ce que je ne comprends pas et ce que je ne voudrais pas comprendre, c'est l'exploitation des rêves de Rousseau au profit de la valetaille de Barrère, c'est la persécution acharnée des curés de campagne et des sœurs de charité par les ouailles du Vicaire Savoyard.

En face des grandes crises économiques et sociales que traversent aujourd'hui non seulement la France, mais l'Europe et le monde, le radicalisme politique, stérile dans son égoïsme, impuissant dans ses rancunes, n'a plus de raison d'être. Est-ce par la laïcisation des écoles de filles qu'on espère conjurer la ruine de l'agriculture menacée par la concurrence de l'Amérique, de l'Asie et même de l'Afrique ? Est-ce, en décrétant des triomphes funèbres aux grands hommes oubliés de la grande révolution avortée de 1789, qu'on arrivera à résoudre les problèmes formidables de l'organisation du travail ?

Les quelques lignes que j'ai pu consacrer dans ce petit volume à l'histoire de l'idée coopérative en France sous la troisième République, me semblent démontrer l'impuissance absolue du gouvernement actuel en face de ces questions menaçantes. Après dix ans d'atermoiements ministériels et parlementaires, la France républicaine de 1890 n'est guère plus avancée pour ce qui concerne les relations officielles du capital et du travail que la France impériale de 1867.

Et ce n'est pas le gouvernement républicain français, c'est l'Empereur allemand qui a célébré le centenaire des Droits de l'Homme, en reconnaissant l'importance internationale des questions sociales et économiques concernant le bien-être moral et matériel des classes laborieuses.

A côté de ces graves questions qui partout obscurcissent l'avenir de la civilisation moderne, qu'importent les luttes surannées des systèmes politiques?

Pour que la France puisse traiter ces questions de puissance à puissance avec les autres États organisés de l'Europe, ne faut-il pas que la France se donne un gouvernement stable et solide? Et comment se donner un tel gouvernement, sans reconstituer, sous n'importe quelle étiquette, un pouvoir exécutif sérieux et permanent?

La République française répond-elle à cette définition? Pour moi, citoyen né de la plus forte République qui ait jamais existé, élevé dès ma jeunesse dans l'amour de la France, je ne trouve dans son gouvernement rien de républicain; je n'y vois que l'antithèse inepte à la fois et monstrueuse de tout ce qu'il y a de grand, de généreux et de glorieux dans l'histoire et dans le caractère du peuple français!

William-Henry HURLBERT.

1ᵉʳ juillet 1890.

VOYAGE EN FRANCE

D'UN

DÉMOCRATE AMÉRICAIN

CHAPITRE Ier

LE PAS-DE-CALAIS EN JUIN 1889

M. Carnot à Calais. — L'esprit provincial en France. — Le grand-père du Président. — Conversation avec un républicain. — Le programme de travaux publics. — Le besoin d'un grand Français. — Boulogne et le Boulonnais. — Opinion d'un prêtre sur la question religieuse. — Saint-Omer. Moralité des habitants. — Les progrès de l'armée française. — L'amour de la famille dans l'Artois. — La légende de Jacqueline Robins. — Le chemin de fer d'Aire-sur-la-Lys. — La question de l'instruction publique. — L'éducation de Robespierre. — Une procession à la campagne.

Le 3 juin 1889, je me trouvais à Calais, pour assister à l'inauguration par M. Carnot des nouveaux bassins du port. Le temps était magnifique. Une partie de l'escadre de la

Manche venait d'arriver. De nombreux bateaux à vapeur débarquaient une foule d'Anglais de tout genre A la gare, les braves employés étaient accablés par les flots compacts de voyageurs qui accouraient de toute la région d'alentour. J'ai remarqué partout beaucoup d'animation, mais peu d'enthousiasme, bien que Calais doive être une ville républicaine, si j'en crois le résultat des élections de 1886. On me dit qu'il y a beaucoup de socialistes, dans la classe ouvrière. Ce qui est certain c'est qu'il y a d'innombrables *cabarets* et *débits* où la bière, le vin et les spiritueux de tout genre peuvent exciter les consommateurs à mieux réclamer les *droits de l'homme* qu'à en accomplir les *devoirs*. On me raconte que sur plusieurs points, le Président de la République a été reçu par les cris de : « Vive Boulanger ! » Je n'ai rien vu de ce genre. Mais la présence de M. Carnot semblait moins un événement que l'un des incidents d'un jour de congé. Le peuple, à dire vrai, ne paraissait pas non plus beaucoup s'occuper de l'inauguration du nouveau port, moins parfait qu'on ne l'a prétendu. Plus d'une personne savait, sans doute, qu'un paquebot, le *Saint-André*, je crois, était venu s'échouer sur le sable; et j'ai entendu dans la rue cette exclamation orgueilleuse d'un habitant de Boulogne : « Ah bah! Ils peuvent dépenser ce qu'ils voudront. Calais ne sera jamais Boulogne! » C'est que Calais n'est ni le chef-lieu, ni même la principale ville d'un département artificiel. La division de la France en départements, en 1790, a pu faciliter le triomphe de la République en 1792, et plus tard l'étranglement de cette même République par Bonaparte; mais, si cette division a pu diminuer la force de résistance des provinces, elle n'a pas détruit le patriotisme local, plus puissant en France que partout ailleurs.

On n'est pas seulement Français en France, on est aussi Gascon, Normand, Bourguignon ou Picard. Autant les histoires locales sont nombreuses, autant les histoires de *départements* sont rares, et bien que le Pas-de-Calais en possède une, il n'en est pas moins composé de deux parties importantes, l'Artois et le Boulonnais, qui ont conservé, après un siècle, leur caractère et leur physionomie distincts, sans parvenir à former une unité politique. Qui penserait en Amérique à faire un seul département du Massachusetts et de Rhode-Island, ou en Angleterre à fondre ensemble le Kent et le Sussex ?

En fait, Calais n'a guère plus du tiers de la population de Boulogne ou la moitié de la population d'Arras, mais le jour dont je parle, les rues étaient bondées et les maisons très bien décorées.

J'ai déjeuné à Calais avec un de mes amis, propriétaire en Picardie et qui est venu me trouver ici. Je l'ai connu jadis républicain et ardent ennemi de l'Empire. Depuis, il s'est désintéressé des affaires publiques. Aujourd'hui c'est un pessimiste, qu'une invasion seule pourrait rendre à la vie active.

— Que se passe-t-il ici ? lui ai-je demandé. Est-on boulangiste ou se contente-t-on de ne pas aimer Carnot ?

— Non, m'a-t-il répondu. Je ne crois pas qu'aujourd'hui on s'occupe beaucoup de

Boulanger, et quant à Carnot, pourquoi ne l'aimerait-on pas? Il n'est pas de ceux qu'on aime ou qu'on déteste. Ce n'est pas une personnalité, c'est un fonctionnaire. Ce qui se passe ici n'est qu'une comédie électorale dont on ne s'occupe guère.

— Mais je viens de voir cette inscription sur une bannière : *Calais est toujours fidèle aux Carnot.* Les Carnot sont-ils de ce pays-ci ?

— Ils sont Bourguignons. Mais le grand-père de Carnot s'était marié à Saint-Omer et a été envoyé par le Pas-de-Calais à la Législative et à la Convention. L'inscription n'en est pas moins amusante. On veut faire de Carnot le représentant d'une dynastie. C'est Carnot III.

— Ceci n'est guère républicain !

— Peut-être; mais c'est bien français. Il n'y aurait pas de pays plus monarchique que le nôtre, si nous n'étions pas le plus anarchique de tous les pays. Donnez à un homme politique une légende et un grand-père, et il ira loin.

— Mais la légende du grand-père Carnot est-elle puissante par ici?

— Ni par ici, ni nulle part ! Carnot Ier n'était

qu'un bon ministre de la guerre, grandi par la comparaison avec Pache ou Bouchotte, ses étranges prédécesseurs, mais qui n'avait certes pas plus de valeur que son successeur Pétiet et qui, pas plus que Pétiet, n'a été l'*organisateur de la victoire.*

— Mais Carnot III n'a-t-il pas une valeur personnelle? Et n'a-t-il pas fait preuve de plus de fermeté qu'on ne croyait dans l'affaire Boulanger?

— Carnot III n'est que le prête-nom de Freycinet et de Ferry. Honnête lui-même, mais pas assez intelligent pour savoir si ceux qui l'entourent sont honnêtes. Son grand-père l'aurait été. Il aurait fait grande figure dans le Sénat actuel, parmi ceux qui votent, *la mort dans l'âme*, et par raison d'État, toutes les canailleries qu'on leur propose. C'est ainsi qu'il avait voté à la Convention la mort de Louis XVI, et il a pris soin de nous expliquer que le vote de ses collègues a été entraîné par la peur de la foule. C'est, pour la même cause, que pendant les Cent Jours il s'est rallié à Napoléon Ier. Pour Carnot III, je le crois plus honnête et moins calculateur que son grand-père. Il peut devenir le Louis XVI de la République.

Après avoir parlé des Carnot, nous avons parlé du port de Calais, et j'ai demandé à mon ami à combien pouvaient se monter les dépenses qui venaient d'être faites.

— On devait dépenser d'abord onze millions, m'a-t-il répondu ; mais, depuis 1881, le double au moins de cette somme a bien dû être employé. C'est la proportion reconnue pour toute la France. N'étiez-vous pas chez nous, en 1880, quand on chantait dans nos rues le refrain :

> C'est Léon Say, c'est Freycinet.
> C'est Freycinet, c'est Léon Say.

Ce sont ces deux hommes, hommes d'affaires et hommes de finance, bien que la *Souris blanche* soit un peu visionnaire, qui, en 1879, après une seule conversation avec Gambetta, ont adopté le plan qu'avait formé ce bohémien déclamatoire qui n'était ni homme d'affaires ni financier. Les républicains l'avaient emporté aux élections de 1877, en effrayant la France par la menace d'une invasion allemande. Les conservateurs avaient rétabli l'ordre dans les finances; les républicains ont replongé le pays dans le gâchis. La Chambre d'alors s'est laissé entraîner à adopter le plan de Gambetta. Il s'agissait de recommencer avec méthode et succès la piteuse entreprise des ateliers nationaux en 1848. On ferait de la France une République en la dotant de chemins de fer, de routes, de ports sans nombre, quitte à y dépenser une somme presque égale à l'indemnité payée aux Allemands après la guerre. Il s'agissait d'abord de quatre milliards cinq cents millions! Un joli denier, comme vous voyez! C'est, me dites-vous, une preuve de la richesse et de la vitalité de la France. C'est ainsi que le docteur Sangrado prouvait la vitalité de ses patients en les saignant toujours. Savez-vous que les politiciens affamés ont été si vite en besogne qu'au bout de trois ans, M. Tirard, alors ministre des finances, devait reconnaître que le plan commencé entraînait une dépense d'environ neuf milliards cent cinquante millions? Et il y a sept ans. Que voulez-vous, on a proclamé le triomphe des ingénieurs et des candidats locaux.

Que deviendraient l'égalité et la fraternité si le plus petit hameau du Jura n'avait pas droit à un chemin de fer aussi bien que Bordeaux? Je sais bien que l'épargne cachée dans les bas de laine de nos paysans est considérable, mais tout a une fin; le bas de laine finira par se vider. Et ce qui m'inquiète, c'est l'état d'esprit de nos campagnards sur cette matière. Dites-leur que le gouvernement dépense des millions pour bâtir des chemins de fer sans but et des ports dans le sable, ils trouveront bien dur de n'avoir à leur porte ni chemins de fer, ni port. Et vous vous étonnez que je sois pessimiste!

— Mais pourquoi réclament-ils Boulanger?

— Ils ne réclament pas Boulanger, au moins dans nos campagnes. Mais dans les villes, où les légendes s'établissent aujourd'hui plus rapidement qu'au moyen âge, la légende boulangiste est établie, et c'est bien une légende. Et ceux qui la combattent sont ceux mêmes qui l'ont créée. Ils ne pouvaient pas se passer d'un grand homme. Ils ont trouvé Boulanger. Ils l'ont fait ministre de la guerre, ils l'ont hissé sur son cheval noir. Ils lui ont fait chasser les princes. Ils l'ont exalté. Tenez, prenez ces cinq hommes qui sont assis devant nous au café; je parie que, sur les cinq, il y en a trois qui voient dans Boulanger le premier soldat de France et deux qui pensent que le gouvernement l'a exilé sur la demande des Allemands. Et voilà pourquoi ils sont boulangistes !

— Mais alors, ils désirent la guerre !

— Ici je le crois vraiment; mais la légende retournée produit le même effet. J'étais l'autre jour dans le Jura, près de Mont-sous-Vaudrey. Les paysans y ont une sainte terreur de la guerre. Un vieux fermier, plein de ruse, ne m'en disait pas moins qu'il voulait voir Boulanger chef d'État. Boulanger est pour lui le premier soldat d'Europe; les Allemands le craignent; ils hésiteront à nous attaquer si Boulanger est à notre tête. Mais notez qu'en créant la légende qu'ils veulent maintenant détruire, les républicains ont obéi à des visées politiques et non militaires. Ils se seraient servis de M. de Lesseps tout aussi bien que de Boulanger, si le canal de Panama avait réussi.

Je vous assure que la République ne peut vivre qu'avec un *grand homme*. Et voilà pourquoi on veut transformer Carnot en grand homme, pourquoi aussi d'après moi, quel que soit le résultat des élections, la République ne vivra pas. Ils ont créé Boulanger pour la sauver, ils veulent détruire Boulanger pour la sauver. Mais ce ne sont que des expédients et qui ne donnent pas à la République le *grand homme* dont elle a besoin. La République pouvait s'établir avec Mac-Mahon, avec Thiers, elle aurait pu s'établir avec Gambetta; mais elle ne le peut pas plus avec Carnot qu'avec Grévy. Quel que soit le résultat des élections, vous verrez si j'ai raison! Je me lave les mains de tout cela. Mais il me semble voir inscrit sur les murs : *Finis Galliæ*. Car si je désespère de la République, je n'espère pas dans la Monarchie. Il faut un homme pour maintenir la République. Il faudrait un homme pour rétablir la Monarchie. C'est ce qu'avaient bien compris les amis du Prince Impérial quand ils l'ont laissé partir chez les Zoulous. Mais il en est aujourd'hui du parti bonapartiste comme du parti républicain. Le nom de Plon-Plon et le nom de Ferry en disent trop; le nom du Prince Victor et le nom de Carnot qu'on pourrait appeler *Carton* en disent trop peu.

— Et les royalistes?

Leur seul homme connu est le duc d'Aumale. Mais le duc d'Aumale est-il royaliste? Je suis bien sûr, ajouta, non sans emphase, mon ami, que Say et Freycinet s'uniraient bien volontiers demain aux conservateurs pour faire du duc d'Aumale un président de la République, s'il le voulait et si les conservateurs y consentaient. S'il n'est pas un *grand Français* au sens électoral du mot, il est de tous les Français le plus honorablement en évidence.

— Plus que son neveu?

— Certainement aux yeux du populaire. Pour moi, je crois que le comte de Paris ferait un meilleur président de la République et un meilleur roi que son oncle. Son manifeste est remarquable. Mais il n'est pas connu. Il le serait encore moins, si l'on n'avait pas fait la faute de l'exiler. Si la République est vraiment établie en France, les princes sont des citoyens

que la loi doit protéger comme les paysans.
On ne peut échapper à ce dilemme et les
hommes qui ont voté la loi d'exil ne sont ni
de bons Français, ni de bons républicains.
L'expulsion des princes a été un crime contre
la liberté. Elle est aussi arbitraire que les *lettres de cachet*. Elle n'est pas moins bête qu'arbitraire; car elle place le comte de Paris sur
un piédestal. Il devient pour la France comme
pour l'Europe, le sauveur de la société menacée,
celui pour lequel doivent travailler toutes les
forces conservatrices. Venez me voir en Picardie. Vous trouverez plus de fermiers royalistes
que je ne l'aurais cru possible, il y a dix ans.
La chute de M. Grévy a produit un très mauvais effet dans les campagnes.

— M. Grévy était-il donc populaire?

— Pas du tout. Mais c'était une preuve nouvelle du peu de durée de toute chose sous la
République. Je demandais l'autre jour à un
fermier s'il viendrait voir le Président à
Calais.

— A quoi bon? m'a-t-il dit. Ce serait de
l'argent dépensé et voilà tout. Pour combien

de temps sera-t-il président? Hier c'était Grévy, et maintenant voilà Boulanger qui pousse.

... Je restai à Calais toute la soirée. Mais mon ami repartit pour la Picardie et je repris le chemin de Boulogne. Grande foule à la gare et, vraiment, la bonne humeur et la politesse des employés chargés d'empiler dans le train deux fois plus de voyageurs qu'il n'en pouvait contenir, étaient remarquables.

Au moment où le train allait partir, un journaliste parisien se précipita dans notre compartiment. Il portait encore l'habit du soir dans lequel il avait paradé toute la journée. Sa cravate blanche était fripée et la poussière de Calais couvrait ses bottines vernies; mais il était ravi. Il n'avait pas manqué le train et il serait dans quelques heures à Paris!

— Mais je croyais, lui dis-je, que le Président allait à Boulogne?

— Oui, certainement, mais qu'importe? Tout se passera comme aujourd'hui et je sais ce qu'il va dire. A quoi bon perdre du temps à Boulogne ?

Ce journaliste avait fait partie du voyage

présidentiel. Pour lui, ce voyage était un succès, non pas à Calais, où l'enthousiasme avait été maigre, mais on n'y avait pas non plus crié : « Vive Boulanger ! ». Du reste, à Calais, la foule n'avait pas été bien *stylée*. Et en pareil cas, il faut du *stylage*.

— Cela s'est mieux passé à Lens, continua mon interlocuteur. Connaissez-vous Lens ? Tous les habitants sont mineurs, cela leur faisait plaisir de remonter à la surface du sol pour nous voir. Il y avait de jolies femmes et tout était bien préparé. Il y a là un bon organisateur; il l'a prouvé en 1886, au moment de l'élection de Camescasse, et on vient de lui donner la Légion d'honneur. L'effet a été très bon. A Bapaume aussi, on a donné une décoration utile. Il s'agissait de ce pauvre homme qui a eu tant de mal avec les Frères.

— Tant de mal avec les Frères ? demandai-je.

— Il était en procès avec eux et la justice lui a donné tort. Il avait cru faire son devoir. Il fallait bien lui en tenir compte. Un gouvernement doit soutenir ses amis. Connaissez-vous

Bapaume ? L'endroit est joli. C'est là que Faidherbe a battu les Prussiens.

BOULOGNE

Boulogne est entouré, comme du temps d'Arthur Young, de charmantes maisons de campagne. La ville est plus grande, plus animée, plus pittoresque que celle de Calais. Les vieux remparts forment un étrange contraste avec les rues modernes. Cela rappelle un peu Québec; comme à Québec, la civilisation française et la civilisation anglaise se rencontrent sans se confondre.

A Boulogne, j'ai passé une heure avec un de mes amis, membre important du clergé dans le centre de la France, venu sur les bords de la Manche pour cause de santé. C'est un des rares ecclésiastiques français de ma connaissance qui croie avec le cardinal Manning que l'abolition du Concordat fortifierait l'Église catholique. L'effort récent fait en faveur des écoles congréganistes le confirme dans son opinion.

— La loi de persécution a eu un effet certain sur les sentiments religieux. Elle a réveillé l'ardeur et la vie. Si notre Église n'avait pas plus de lien avec l'État qu'elle n'en a en Amérique, vous verriez un réveil de la foi catholique tel qu'on n'en a pas vu depuis des siècles.

Vous connaissez, continua-t-il, le voyage de Ferry à Rome après sa chute, et ses efforts souterrains pour amener un rapprochement entre le Saint-Siège et lui. Il est le seul parmi les opportunistes qui ait vraiment une tête sur ses épaules et qui ne se fasse pas d'illusions sur les conséquences d'une alliance entre les opportunistes et les radicaux. Qui sait? continua-t-il en riant, nous verrons peut-être M. Ferry faire pénitence en chemise, un cierge à la main. On le verra peut-être ministre d'une monarchie. Si vous voulez connaître la force et la vie de l'Église, venez me voir en automne; je vous montrerai en Limousin un des établissements de la Congrégation de la Croix; vous pourrez en voir douze ou quinze dans la Mayenne. Ou bien, allez à Ruillé-sur-Loir, vous y verrez le berceau de cette grande congrégation, plus puissante qu'elle ne l'a jamais été depuis le jour où ce fidèle et simple serviteur de Dieu, Dujarié, a entrepris dans son obscur presbytère de relever l'Église des ruines laissées par la Terreur et le premier Empire.

— Depuis combien de temps cette congrégation s'est-elle établie aux États-Unis ?

— Il n'y a pas encore cinquante ans, et vous savez la prospérité de ces écoles sur toute l'étendue de votre *Union*.

SAINT-OMER

Saint-Omer et Aire-sur-la-Lys sont certainement deux des villes les plus curieuses du Pas-de-Calais : Saint-Omer, jadis objet de sainte horreur pour les braves Anglais qui vivaient dans la terreur du Pape; Aire-sur-la-Lys, qui renferme dans ses limites communales tout ce qui reste de la célèbre et importante cité de Thérouanne.

Saint-Omer a gardé comme un parfum d'antiquité; l'imagination se représente facilement les rues tranquilles de la ville peuplée d'étudiants anglais et irlandais venus en France pour trouver une éducation catholique. Mais aujourd'hui, Saint-Omer est moins important au point de vue théologique qu'au point de vue militaire La ville n'en est pas moins tranquille. Le nombre de gens vivant de leurs rentes y est très considérable. J'y ai passé, quant à moi, une journée des plus intéressantes auprès de M. Pierre de la Gorce, le remarquable historien de la Révolution de 1848, qui a habité Saint-Omer comme magistrat, avant de s'y fixer, charmé par la délicieuse atmosphère d'études qu'on y respire. Comme magistrat, M. de la Gorce a été à même de juger les habitants au point de vue moral. Il m'affirme que depuis douze ou treize ans, il n'a guère éclaté qu'un sérieux scandale. Y-a-t-il en Angleterre et aux États-Unis beaucoup de villes de vingt mille habitants auxquelles on puisse rendre un même témoignage? Au point de vue politique, Saint-Omer semble donner une forte majorité aux républicains.

La ville renferme une garnison considérable. Les officiers s'occupent beaucoup non seulement de la discipline militaire, mais de la conduite générale de leurs hommes, et à Saint-Omer, comme dans toutes les grandes villes de garnison que j'ai visitées depuis six ans, j'ai pu constater que le vieux type de buveur d'absinthe dont on faisait tant de bruit, dans les dernières années de l'Empire, ne semblait plus vivre que dans l'histoire ou la littérature. Je ne crois pas que, lors de la prochaine guerre, l'état-major d'une armée d'invasion puisse beaucoup apprendre aux officiers français sur la tactique scientifique ou la topographie de la France. Il y a peut-être aujourd'hui, dans Saint-Omer seulement, plus d'officiers lisant et comprenant l'allemand qu'il n'y en avait dans toute l'armée avant 1870. Et l'armée est en bien plus haute estime dans les classes supérieures. Ici même, à Saint-Omer, et M. de la Gorce me les a nommées, on rencontre des femmes d'officiers, dont plusieurs étaient de vraies héritières, qui ont épousé leurs maris uniquement parce qu'ils étaient des soldats de mérite et qui ont dit adieu à la vie brillante de Paris, pour s'établir dans les tranquilles quartiers d'une ville de garnison.

M. de la Gorce ne croit pas à la solution prochaine des problèmes politiques posés en France depuis cent ans; il ne cache pas ses préférences pour la restauration d'une monarchie constitutionnelle; mais il voudrait que les royalistes allassent aux élections, en déployant leur drapeau et en disant clairement ce qu'ils pensent. Il croit que la *laïcisation* a été un stimulant utile pour les écoles congréganistes, qui ont multiplié leurs efforts, et à vrai dire les procédés des fonctionnaires subalternes pour laïciser semblent combinés pour enflammer le zèle religieux. Un prêtre aussi intelligent que libéral qui vit à Saint-Omer, me raconte que les autorités locales, dans l'Artois, semblent ne perdre aucune occasion d'irriter des populations chrétiennes. On enterrait l'autre jour à Moislains, près de Péronne, un prêtre l'abbé Sellier, longtemps curé de la paroisse, homme universellement aimé et respecté. Malgré son désir, toute la population s'était réunie pour ses obsèques et les pères de famille voulaient que leurs enfants pussent y assister; mais défense formelle fut faite aux enfants de quitter l'école pour cette raison. De tels procédés ont eu pour résultat d'augmenter les souscriptions en faveur des écoles chrétiennes, et les parents refusent d'envoyer leurs enfants aux écoles du gouvernement dont ils sont forcés de payer l'entretien.

Les Frères Maristes, qui ont leurs quartiers généraux dans la petite ville d'Albert entre Arras et Amiens, ont obtenu de grands succès pour la création de ces écoles libres. La ville d'Albert est du reste fort curieuse; les restes de fortifications romaines indiquent son importance dans le passé, et l'on y voit de très remarquables souterrains qui ont jusqu'à trois mille mètres de longueur. Du temps d'Henri IV, Albert portait encore le nom d'Ancre. Concini, le favori florentin de Marie de Médicis, avait acheté la seigneurie avec le titre de marquis. Après le meurtre de Concini, le marquisat et la seigneurie furent acquis par une autre famille florentine ressemblant très peu à la première, les Alberti, établis cent ans auparavant dans le comtat Venaissin. La haine inspirée par Concini, maréchal d'Ancre, était si tenace que les Alberti donnèrent à la ville leur propre nom francisé ; nom si honorablement porté aujourd'hui par leurs descendants, les ducs de Luynes et de Chaulnes. Il n'y a en France que peu d'exemples de ces changements de noms de villes ; j'en trouve un cependant et dans notre siècle, mais inspiré par des motifs bien différents. Les habitants de la petite ville d'Arles-les-Bains ont voulu s'appeler Amélie-les-Bains, pour montrer leur affectueux respect envers l'excellente femme du roi Louis-Philippe.

Les écoles de Maristes dont je viens de parler sont soutenues grâce à la coopération des classes populaires. On me citait l'exemple d'un petit village, où les parents payent tous les mois une somme de trois francs pour l'écolage de leurs enfants. On se demandait dans une pauvre famille de cultivateurs comment l'on pourrait faire pour envoyer à l'école un enfant qui arrivait à l'âge voulu. La question fut tranchée par les deux aînés de cet enfant, qui renoncèrent d'eux-mêmes à leur ration de lait quotidienne pour faciliter les choses.

La France serait-elle plus grande et plus forte si l'on en chassait les prêtres qui peuvent inspirer de tels sentiments ?

Un républicain ardent, M. Pichon, déclarait l'autre jour à la Chambre des députés que le but cherché par la laïcisation des écoles était la destruction de la religion. « Entre vous catholiques et nous qui sommes républicains, l'abîme est grand. Les intérêts de l'Église ne sont pas compatibles avec ceux du gouvernement républicain. »

Peut-on s'étonner que les catholiques français se demandent, devant un tel langage, s'il leur est possible d'accepter la République, sans renoncer à leur foi ?

Cet abîme dont parle M. Pichon, ce n'est pas l'Église qui l'a creusé. Ce sont les ministres qui ont chassé les sœurs des hôpitaux et les chapelains des prisons. D'un côté de l'abîme se trouvent M. Ferry, M. Pichon et les sectaires qui marchent avec eux ; de l'autre se trouvent les Frères et les petits enfants.

Qui sera englouti ? J'ai peine à croire que ce soient les frères et les petits enfants.

Pour aujourd'hui, M. Ferry reste le chef plus ou moins occulte du gouvernement : « M. Ferry devrait être le masque de M. Carnot, me disait à Paris un spirituel radical, il a le nez de l'emploi. Mais tout en France est à l'envers, M. Carnot est le masque de M. Ferry. Mais le nez finira par percer. »

Je vois une preuve très significative de la force du catholicisme dans cette région, dans ce fait que la population de l'Artois et du Boulonnais se développe rapidement, malgré une tendance marquée à l'émigration. Les naissances l'emportent de beaucoup sur les décès ; ce n'est pas vrai de la France entière. En 1888, on comptait en France 837,857 décès contre une moyenne annuelle de 847,968, entre 1884 et 1887 ; mais les naissances qui de 1885 à 1887 s'étaient élevées en moyenne à 937,090, ont baissé en 1888 jusqu'à 882,639. L'excédent des naissances sur les décès n'est donc plus que de 44,772, et dans ce chiffre on ne compte que 33,458 enfants nés de parents français. Mais dans l'Artois et le Boulonnais, la population est plus dense que partout ailleurs dans les campagnes, et ce fait n'est pas dû à l'imprévoyance des habitants renommés pour leur frugalité et leur goût de l'épargne. Un de mes amis qui vit près de Saint-Omer l'attribue à la passion de la vie domestique et à l'influence des idées religieuses. « Ils sont fanatiques de la famille. Les parents de l'Artois font de leurs enfants le but de leur vie » Le concubinage fréquent dans les villes est rare dans les campagnes.

Le cultivateur artésien veut être maître chez lui, mais il consulte sa femme pour toutes ses affaires. Il n'est pas particulièrement dévot, mais il aime à être en bons termes avec son curé, et il a des idées très nettes sur ce qui est décent et convenable. D'après mon ami, les assises prouvent que les faits contraires à la moralité sont surtout commis dans les villes et bien plus souvent par ceux qui savent lire que par les illettrés.

J'ai beaucoup surpris mon interlocuteur en lui disant que cette remarque me paraissait conforme à la maxime biblique : « Les mauvaises compagnies corrompent les bonnes mœurs. » Il y a trente ans, les recensements faits en Amérique prouvaient que dans les six États de la Nouvelle-Angleterre le nombre des crimes commis par la population blanche originaire d'Amérique était bien plus considérable que dans les six États de Delaware, de Maryland, de Virginie, de Georgie et des deux Carolines où le nombre des illettrés était bien plus grand.

Alors que dans la Nouvelle-Angleterre on ne comptait qu'un illettré sur 312 habitants, on trouvait un criminel sur 1084 habitants; dans les six États du Sud au contraire, où l'on remarquait un illettré sur 12 habitants, la proportion des criminels n'était que de 1 à 6670. M. Montgomery, *attorney général* adjoint, sous le président Cleveland, n'hésitait pas, il y a deux ans, en invoquant cet exemple, à déclarer que le détestable système d'instruction publique emprunté à la Nouvelle-Angleterre et établi aujourd'hui dans la République américaine était une *fontaine empoisonnée*. Sans discuter les conclusions de M. Montgomery, j'ai cru bon de faire remarquer la dangereuse aventure dans laquelle s'était engagé le gouvernement français, en voulant remplacer l'éducation religieuse et l'éducation domestique par je ne sais quelle modification adaptée à la France du système d'instruction américaine, qui d'après M. Montgomery repose sur ce principe : que tout enfant doit être instruit, aux frais de l'État, sans souci des distinctions sociales.

Mais j'en reviens à Saint-Omer et je ne veux pas le quitter sans parler d'une controverse locale intéressante comme preuve des opinions républicaines des habitants de la ville.

En 1884, avait lieu une imposante cérémonie pour l'inauguration de la statue d'une certaine Jacqueline Robins qui, d'après une inscription pompeuse, aurait, en l'année 1710, sauvé la ville de Saint-Omer alors assiégée, en allant chercher à Dunkerque les provisions et les munitions nécessaires pour la défense.

Par malheur, Saint-Omer n'a jamais été assiégé en 1710; le fait est clairement prouvé par un rapport indiscutable de la Société des *Antiquaires de Morinie*. Dame Jacqueline Robins n'a donc pas pu sauver la ville. C'était, d'après tous les dires, une femme capable et active, d'un caractère entreprenant et, qui avant quarante ans, s'était déjà mariée trois fois. Toujours prête à défendre ses droits contre tous, elle plaidait sans cesse, non seulement contre des particuliers mais aussi contre l'administration municipale de la cité. Elle s'était chargée, entre autres entreprises, du service de bateaux entre Dunkerque et Saint-Omer. Ses bateaux servirent peut-être à transporter les vivres et la poudre que le comte d'Estaing introduisit dans Saint-Omer, alors occupé par les troupes françaises. Comme dame Jacqueline était une maîtresse femme et qu'elle vécut jusqu'en 1732, il se forma bientôt autour de de son nom une légende locale. On parla beaucoup de son rôle pendant la guerre. Le temps passa et dame Jacqueline entra dans la gloire, mais non pas sans métamorphose. En 1782, et dans l'*Histoire de Saint-Omer* par Dom Devienne, elle devient une femme du peuple ; sa popularité posthume grandit pendant la révolution, et son mari, lui-même, c'était le troisième, est transformé dans les récits populaires. D'un brillant mousquetaire on fait un apprenti brasseur ; c'est le mari de *Dame Jeanne*, de la nouvelle Jeanne Hachette qui a sauvé sa ville natale des mains de l'étranger.

Dans la controverse engagée, le maire républicain de Saint-Omer crut de son devoir de défendre *Dame Jeanne* contre les attaques des antiquaires ; le professeur d'histoire du lycée s'enrôla sous sa bannière, et je crois vraiment que dans les élections prochaines, la question de *Dame Jeanne* ne sera pas sans importance.

AIRE-SUR-LA-LYS

On raconte à Aire-sur-la-Lys que, vers l'année 1840, la population de la ville accueillit par des aubades son maire qui rapportait de Paris une bien bonne nouvelle, propre à réjouir tous les cœurs : le chemin de fer du Nord ne traverserait pas la commune et ne viendrait pas troubler le commerce local. Cette histoire est souvent citée comme preuve de la passion conservatrice des habitants de l'Artois, mais je dois dire qu'aujourd'hui Aire-sur-la-Lys est ravie d'avoir une station et forme un point important du réseau du Nord.

C'est là que, par un beau soir de juin, j'ai trouvé la voiture de M. Labitte, conseiller général du Pas-de-Calais, qui m'attendait pour me conduire à sa demeure aussi charmante qu'hospitalière.

C'était le jour de la Pentecôte, le temps était splendide, par une de ces soirées d'été telles qu'on en voit rarement même en Angleterre.

M. Labitte est conservateur et catholique. Candidat en 1886 contre M. Camescasse, il a eu 74,000 voix contre 86,000; à Aire même il n'a été en minorité que de 22 voix sur 3,536 votants. Son influence dans la région est en quelque sorte héréditaire; il appartient à une famille qui, au siècle dernier, a fourni d'excellents ecclésiastiques, à un pays où les sentiments religieux sont très vivants. Il y a cent ans, au moment de la réunion des États-Généraux, la date des élections en Artois, fixée d'abord pendant le Carême, fut changée sur la demande du duc de Guines. Les habitants s'inquiétaient plus de l'Église que de l'État. Nulle part pourtant la convocation des États-Généraux ne fut plus populaire et nulle part aussi on n'avait fait plus d'efforts, avant 1789, pour améliorer le sort de tous. Le clergé était très puissant dans les États d'Artois. Grâce à l'union du Clergé et du Tiers État, il était admis que le vote du Clergé et de la Noblesse réunis ne pouvait lier le Tiers État, mais que les trois ordres étaient liés par le vote du Tiers État uni soit à la Noblesse, soit au Clergé. Et ce n'est pas seulement, dans l'Artois, que le Clergé avait pris parti pour le peuple contre les classes privilégiées. La majorité du Clergé, en 1789, n'attendit pas la démonstration théâtrale du *Jeu de Paume* pour réclamer, avec le *Tiers État*, la réforme de l'administration. En France, comme en Angleterre, le haut clergé contenait des membres corrompus; mais, dans l'ensemble du pays, les curés, les vicaires, les moines, faisaient preuve de ces qualités de foi et de sympathie chrétienne qu'ils surent s'opposer à leurs persécuteurs après la chute de la monarchie. Et ce qui était vrai des prêtres français il y a cent ans reste vrai des prêtres français aujourd'hui. Alors, comme aujourd'hui, le clergé français avait pour devoir de veiller à l'instruction des enfants dans leurs paroisses. Ce n'est pas à la Révolution, mais à M. Guizot et au roi Louis-Philippe que la France doit l'organisation de l'Instruction publique. La Révolution n'avait fait que du mal, dans cette matière.

Sans cette fidélité du clergé de France à remplir ses devoirs, deux des plus célèbres acteurs du drame révolutionnaire seraient morts de faim dans les rues d'Arras ou auraient vécu comme des vagabonds. En 1768, le clergé de Saint-Vaast eut la bonté de recueillir deux pauvres malheureux abandonnés par un père dénaturé. L'un d'eux, Maximilien de Robespierre, était né en 1758; son frère, en 1764. Ils furent élevés tous deux par les prêtres qui leur donnèrent une bonne éducation. On sait comment ils en profitèrent pour mourir sur l'échafaud, poursuivis par la haine et le mépris des braves gens du monde entier. J'ai entendu raconter par l'un des hommes les plus considérables du Massachusetts, qu'un matin de 1794, comme il se rendait à l'école, il fut arrêté par un des amis de sa famille qui lui dit de rebrousser chemin pour porter à son père les dernières nouvelles d'Europe : « La tête de *Robert Spear* est enfin tombée ! Dépêche-toi et ton papa sera si content qu'il te donnera un dollar d'argent ! »

Il était difficile de ne pas penser à Robespierre « l'incorruptible » dans ce pays jadis troublé par sa folie sanguinaire, et je me rappelais sa fête stupide de l'*Être suprême*, en entrant dans la vieille église de la petite commune de Saint-Quentin, où habite mon hôte. L'église était pleine ; beaucoup de fermiers avec leurs femmes et leurs enfants ; les blouses étaient nombreuses, mais propres et bien tenues. Le service était très simple, mais solennel ; les chants excellents.

Le curé fit un excellent sermon, qui fut

écouté avec soin, sur l'esprit de la charité chrétienne.

Ici comme en Normandie, on distribue à la Congrégation un panier rempli de pain pendant le service. Deux vieux paysans, graves et courtois, en offrirent à tout le monde. En sortant de l'église, les fermiers formèrent des groupes dans le cimetière et causèrent entre eux; ils parlaient du temps, de la récolte, des propriétés qui venaient d'être vendues; de politique, peu ou point.

Mon hôte a été pendant longtemps notaire à Aire; il a cédé sa place à son gendre et s'occupe maintenant surtout d'agriculture. L'importance des notaires, réelle dans la France entière, est plus considérable en Artois que partout ailleurs, par des raisons à la fois historiques et locales. Le notaire y est une sorte d'arbitre réglant beaucoup de questions qui devraient autrement être soumises aux tribunaux. Et ces vieilles relations entre M Labitte et ses voisins n'ont pas été troublées par l'agitation politique de ces dernières années. J'ai pu voir qu'il était salué partout avec affection et respect par bien des gens, qui, me disait-il, étaient hostiles à sa réélection comme conseiller général.

J'ai assisté encore à Saint-Quentin à une très intéressante cérémonie. Une longue procession partie du porche de l'église a parcouru toute la commune; les hommes portaient leurs habits de fête, les jeunes filles étaient vêtues de blanc. Un autel de verdure avait été élevé dans le jardin de M. Labitte, par les soins de sa fille. La procession s'arrêta devant l'autel, le curé fit un service, puis le long défilé se remit en marche, au chant du *Magnificat* entonné par les voix mâles d'une vingtaine d'hommes. Je voudrais pouvoir peindre le respect et le sérieux de tous les assistants. C'était un de ces beaux jours d'été, tels que le mois de juin seul en donne à la terre. Et comme la procession s'en allait à travers les champs et les cours, les cloches de la vieille église mêlaient eurs notes d'argent aux chœurs religieux, et la voix grave du prêtre s'élevait par moments, récitant les vieilles prières de remerciement et d'espérance.

Sous la première République, je n'aurais pas pu assister à ce touchant spectacle et les hommes qui gouvernent aujourd'hui la France voudraient bien pouvoir partout l'interdire.

CHAPITRE II

UNE RÉUNION ÉLECTORALE EN ARTOIS

L'Artois, il y a cent ans et aujourd'hui. — La réunion de M. Labitte. — L'*épuration* en France. — Ce que coûtent les é'ections.

Mon hôte, M. Labitte, est conseiller général sortant, et ses amis désirent qu'il se représente aux élections du 28 juillet; il n'y semble pas lui-même très disposé, car il désire consacrer tous ses efforts à la bataille qui doit avoir lieu en septembre pour l'élection des députés; mais la lutte politique existe sur tous les terrains. En France, comme en Angleterre, les élections locales ont aujourd'hui une grande importance et le vote du mois de juillet sera presque partout un vote politique; aussi M. Labitte s'est-il décidé à rendre compte à ses électeurs de la manière dont il a rempli son mandat et il a bien voulu m'inviter à une de ses *conférences*.

Suivant l'habitude française, cette conférence avait lieu le dimanche; nous nous y rendîmes vers trois heures, M. Labitte, son gendre et moi. Il nous fallut faire environ trois lieues en voiture à travers un pays bien cultivé et vraiment beau à sa manière. L'aspect de l'Artois a bien changé depuis le siècle dernier; le climat était très humide, les routes rares et mauvaises. Les manufactures, autrefois prospères, avaient pour la plupart disparu.

Aujourd'hui cette région est une des plus riches et des plus fertiles de France; les champs sont bien cultivés, les routes bien entretenues et le soin avec lequel les vergers sont cultivés prouve aussi bien l'intelligence que l'activité des habitants.

D'où vient cette grande différence entre l'état actuel de l'Artois et son état avant 1789? M. Baudrillart nous l'explique dans un de ses livres si remarquables; d'après lui, les bourgeois des villes s'étaient entendus avec la noblesse et le haut clergé pour fermer les assemblées provinciales aux curés de campagne et aux fermiers et pour rejeter sur les cultivateurs tout le poids des impôts. M. Baudrillart cite à ce sujet une bien curieuse adresse aux États d'Artois : « Le sol de l'Artois, disent les auteurs de cette adresse, vaut le sol de l'Angleterre et pourtant les fermiers d'Artois ne retirent de leur travail que le quart du profit des fermiers anglais. » Mais les réformateurs ruraux dont je viens de rappeler les plaintes avaient trop de bon sens pour réclamer l'abolition de tous les privilèges des classes supérieures; ils se contentaient de demander une représentation plus équitable des classes laborieuses.

Nous avons vu sur notre route beaucoup d'usines et peu de châteaux. Parmi les usines, plus d'une consacrée à la fabrication du sucre était fermée. Il en était de même d'un des châteaux les plus importants que nous ayons rencontrés. On m'assure que son propriétaire l'a quitté depuis deux ans à la suite de l'assassinat d'un garde par les braconniers.

D'après la loi française les réunions politiques doivent être tenues dans une enceinte fermée, et les meetings comme ceux de Trafal-

gar square sont aussi impossibles dans cette
République que dans la monarchique Allemagne. La commune dans laquelle M. Labitte
doit rencontrer ses électeurs ne contient pas
de monuments importants. Les autorités locales sont très peu disposées à favoriser les
choses, et un riche fermier conservateur s'est
chargé d'installer dans une belle grange les
bancs pour les auditeurs et une plate-forme
rustique sur laquelle montera l'orateur ; ce
brave homme prend sur lui toute la dépense;
trouverait-on en Angleterre et en Amérique
beaucoup de fermiers s'intéressant assez à la
politique pour l'imiter? C'est un homme dans
la force de l'âge, calme et robuste, comme on
en rencontre tant parmi les cultivateurs français ; il nous reçoit avec une courtoisie sans
façon dans sa vieille maison ; la pièce où nous
entrons est grande et proprement meublée ;
sur les murs, plusieurs gravures dont quelques-unes coloriées ; j'y vois le portrait du
duc d'Orléans, père du comte de Paris, dans
cet uniforme des chasseurs d'Afrique dont il
avait créé le corps. « C'est le prince lui-même

qui a donné ce portrait à mon père, » dit le fermier, « il venait souvent déjeuner ici quand il était au camp avec les chasseurs; je me le rappelle bien encore, car j'étais déjà un grand garçon; en voilà un qui était trop bon et qui avait du courage ! Ah ! s'il avait vécu ! nous ne serions pas accablés par tous ces impôts. »

Les électeurs de mon hôte ont tous été invités par lettre particulière à la conférence. Un certain nombre était déjà réuni au moment de notre arrivée, mais plusieurs d'entre eux avaient à faire cinq ou six kilomètres avant d'arriver et la conférence n'a pu commencer qu'à près de six heures. Il y avait bien là cent cinquante hommes, presque tous des fermiers; au milieu d'eux un vieux propriétaire, grand et bien tourné, dont les traits fins et l'air de distinction rappelaient bien le type des gentilshommes du temps passé ; il avait fait une lieue à pied pour assister à la conférence. La grange ne pouvait guère contenir plus de cent auditeurs. Une cinquantaine durent se grouper dans la cour et M. Labitte put enfin monter sur sa tribune improvisée. En Angleterre ou en Amérique, il aurait fallu nommer un président et un secrétaire ; ici, tout se passa plus simplement ; pour obtenir le silence, M. Labitte n'eut qu'à commencer son discours. Rien de plus clair et de plus net que ses explications ; sans phrases, sans emphase, il sut dire à ses auditeurs ce qu'il fallait leur dire ; il ne toucha à la politique que pour parler de ses conséquences locales.

— Pourquoi a-t-on pris votre argent ? Comment l'a-t-on dépensé ? Quels résultats a-t-on obtenus ? Je viens de vous le dire. Si le tableau vous plaît, libre à vous ; sinon, le bulletin de vote est entre vos mains. Sachez vous en servir.

M. Labitte m'avait prévenu de ne pas compter sur des démonstrations bruyantes. — Ils m'écouteront avec attention, mais sans témoigner leur approbation ou leur blâme ; quand tout sera fini, ils se réuniront par groupes ; l'un d'entre eux dira : « C'est bien, Labitte nous a dit la vérité, » et si les autres sont de son avis, la conférence aura obtenu du succès. » Les auditeurs furent moins silencieux que M. Labitte ne me l'avait annoncé. Il leur parlait du service militaire et de l'inégalité des charges imposées. — « J'ai reçu la visite d'un garçon qui venait me demander de le faire exempter; je l'aurais bien voulu, mais il se portait à merveille; un autre aurait dû partir à sa place. Je lui ai dit que je ne pouvais rien pour lui. Je l'ai rencontré l'autre jour; il m'a dit qu'un de mes collègues républicains avait bien su faire ce que je m'étais refusé à tenter et l'on va dire aujourd'hui que je me moque du sort des conscrits. Qu'en pensez-vous ? Ai-je eu tort ? » La réponse ne se fit pas attendre. Les applaudissements éclatèrent et plus d'une voix cria : « Bravo ! Labitte. Nous sommes avec vous ! » M. Labitte obtint aussi un vrai succès en parlant des dépenses scolaires, et des palais élevés sans raison pour des écoles sans élèves. « Je m'y suis opposé, car c'était votre argent qu'on gaspillait et l'on a dit que j'étais un clérical; oui, je suis un clérical, si clérical veut dire un homme religieux et respectueux de la religion de son prochain. Voulez-vous qu'on défende aux curés d'apprendre le catéchisme à vos enfants?» A ce moment, un homme placé près de la porte cria d'une voix forte : « Les curés n'ont rien à faire à l'école ! » On lui répondit par des murmures ; pour un peu une rixe se serait engagée.

M. Labitte garda la parole pendant une heure ; quand il eut fini, le fermier qui avait organisé la conférence le remercia en quelques mots et l'assemblée se sépara aussi tranquillement qu'elle s'était réunie.

Si, dans la France entière, les élections étaient ainsi comprises et pratiquées, le scrutin donnerait, je le crois, l'expression vraie de l'opinion des électeurs. Mais cela n'est guère praticable. La pression administrative est forte, plus forte même qu'en Amérique. Le nombre des fonctionnaires est bien plus grand en proportion en France qu'aux États-Unis, et les hommes qui gouvernent depuis quelques années ont fait de l'activité politique une des conditions de la fonction. C'est un des plus mauvais legs de la première République. La maxime. « Aux vainqueurs sont les dépouilles, » a été habilement mise en pratique de mon côté de l'Atlantique, mais c'est Danton qui en est l'inventeur... Gabriel Charmes, républicain, mais républicain libéral, ne déclare-t-il pas que l'épuration est devenue le mot d'ordre et le véritable but de la politique, et ne sait-on pas que le mot d'épuration est l'euphémisme inventé pour peindre l'opération qui consiste à chasser un fonctionnaire pour prendre sa place? Tant que de telles pratiques n'ont pas abouti à l'exaspération, l'influence du gouvernement, au point de vue électoral, doit être formidable. L'électeur français est entouré de toutes parts par une nuée de petits fonctionnaires qui peuvent l'obliger ou le désobliger de vingt manières différentes.

Et ce qui est vrai pour les électeurs est plus vrai encore pour les candidats. Une administration victorieuse guidée par le principe de l'épuration a des moyens infinis pour vexer et pour poursuivre un candidat malheureux de l'opposition.

La question d'argent rend aussi très difficile la lutte contre le gouvernement. Un de mes amis, qui s'y connaît, me disait que, l'un dans l'autre, il faudrait quatre cent mille francs par département, soit une somme totale de trente-trois millions deux cent mille francs, pour bien livrer la bataille en France contre un gouvernement établi. Et une longue expérience de la politique aux États-Unis me porte à croire que les souscriptions volontaires sont plus faciles à obtenir des amis intéressés d'un pouvoir plus ou moins scrupuleux que des partisans désintéressés d'une réforme politique.

Le soir de la conférence, nous revînmes dîner à Saint-Quentin. Les traditions de la vieille cuisine française ne sont pas encore perdues en France, ni même chez les vrais Parisiens de Paris; et la charmante fille de mon hôte voulut bien recevoir, avec une grâce parfaite, les compliments qu'un de ses invités se permit de lui adresser sur les mérites de sa cuisinière.

CHAPITRE III

LE BOULANGISME DANS LA SOMME

Amiens: Vingt minutes d'arrêt. — Résistance des Picards à la Terreur. — Amiens pendant la guerre. — M. Goblet. — M. Petit et les laïcisations. — L'histoire de Mlle Colombel. — Clémencistes, Ferrystes et Boulangistes. — Pourquoi l'on est boulangiste dans la Somme. — Les idées *américaines* de M. Turquet sur l'Église et l'État. — Boulanger candidat des mères de soldats. — Influence de la troisième République sur les dépenses d'une ville. — Le budget d'Amiens pendant vingt ans.— Irlandais et Picards. — La coutume de *mauvais gré*.

Pour beaucoup d'Anglais et d'Américains le nom d'Amiens ne réveille guère, j'en ai peur, que le souvenir des vingt minutes d'arrêt et du buffet. Amiens n'en est pas moins l'une des plus curieuses villes de France et même d'Europe, grâce à sa splendide cathédrale. Deux ou trois excellents petits hôtels font d'Amiens une résidence aussi confortable qu'intéressante, non pour une vingtaine de minutes mais pour un couple de jours. C'était déjà l'avis d'Arthur Young, quand il y a cent ans, il rencontra dans cette ville l'illustre Fox, en compagnie d'une aimable madame Fox, que ni Young ni Londres n'avaient l'honneur de connaître.

Amiens, comme Dijon, Nancy, Toulouse, Rennes et Rouen, garde encore cet « air de capitale », aussi difficile à décrire qu'à négliger. On y retrouve la trace des Espagnols dans bien des endroits.

Au point de vue politique, Amiens est intéressant à deux points de vue. C'est le bailliage de M. Goblet, l'un des rares républicains de valeur qui se trouvent en France; c'est aussi l'une des places fortes du boulangisme. Je ne puis jamais traverser cette antique cité sans me rappeler le refrain d'une vieille chanson que j'ai entendue, il y a bien longtemps:

> Vive un Picard! Vive un Picard!
> Quand il s'agit de tête!

Les Picards ont toujours montré non seulement du sens, mais une sorte d'indépendance de caractère obstinée. Amiens fut une des premières villes de France à protester contre les efforts de Danton pour terroriser le pays. Ce ne fut pas la faute d'Amiens si les protestations de Mazuyer et de Kersaint contre la Commune de Paris, et les dénonciations éloquentes de Vergniaud contre les misérables qui tyrannisaient les citoyens de Paris n'eurent pour résultat que d'étendre cette tyrannie sur la France entière.

Amiens peut invoquer des souvenirs historiques plus récents.

C'est entre Montdidier et Amiens que vint échouer le ballon qui était monté par Gambetta, pendant le siège de Paris et Gambetta vint à Amiens. Il y arriva éreinté et affamé, trop épuisé pour faire des discours ou pour penser à recevoir. Le comte Léon de Chassepot auquel je demande si l'avènement de la République au 4 Septembre a provoqué beaucoup d'enthousiasme à Amiens, me répond non sans dédain : « De l'enthousiasme, et pourquoi ? Les gens d'Amiens pensaient à se battre et non à faire une révolution. Le désastre de Sedan les avait profondément affligés. L'Empire était populaire en Picardie. Mais il ne s'agissait pas de se diviser devant l'ennemi. On accepta la République par patriotisme. » Je ne crois pas que M. de Chassepot ait rien à faire avec l'invention du fusil qui porte son nom, mais ce vétéran a un regard encore étincelant ; les électeurs d'Amiens l'ont élu plus d'une fois en tête du conseil municipal.

A Amiens comme partout en France, le premier acte des hommes du 4 Septembre fut de désorganiser l'administration et de s'emparer de toutes les places. Le nouveau préfet envoyé de Paris pour représenter la République se hâta de quitter la place à l'approche des Allemands, non sans avoir lancé contre eux une proclamation incendiaire.

Le 28 novembre, les Prussiens occupèrent la ville ; un officier français, le commandant Vogel, tomba au poste qu'il refusait de rendre. Le comte Lehndorff, nommé par les Allemands préfet de la Somme, accabla le département de contributions. M. Dauphin, jadis maire bonapartiste de la ville et aujourd'hui républicain de marque, dut négocier un emprunt de cinq millions avec M. Oppenheim de Bruxelles qui reçut une commission de 10 0/0. Je n'ai pas besoin de dire que les Allemands ne sont pas aimés à Amiens. D'après M. de Chassepot, la majorité des habitants désire la guerre en Picardie. Il me raconte qu'en 1870, faisant la ronde un matin comme commandant de la garde nationale, il rencontra dans un poste très dangereux et comme sentinelle perdue, un simple soldat de près de soixante ans, qui n'était autre que le premier président de la Cour.

J'étais vraiment curieux d'apprendre de quand datait l'avènement de M. Goblet à la vie publique. On me répond que ce n'est que de 1874. Les conservateurs ayant remis l'ordre dans les finances de la ville, furent chassés du conseil par l'Union républicaine. M. Goblet, qui avait échoué en 1870, réussit enfin avec son allié M. Petit, directeur d'un journal radical. En 1876, M. Goblet devint maire d'Amiens. L'année d'après, quand la lutte s'engagea entre le maréchal et Gambetta, M. Goblet prit parti avec tant d'ardeur pour ce dernier, qu'il fut révoqué comme maire.

Mais cet homme qui, comme ministre de l'intérieur, devait frapper tant d'autres maires, fut indigné du coup qui l'atteignait et voua au mépris public tous ceux qui pourraient accepter des fonctions municipales du gouvernement d'alors. C'est là tout le caractère de M. Goblet. Je le connais depuis son enfance, me déclare un de ceux que j'ai rencontrés à Amiens. Il n'est pas mauvais, et c'est un des rares hommes de valeur que renferme son parti. Mais il est très vain, très ambitieux, très irritable. Il s'est posé en incrédule pour marcher de pair avec son allié Petit, qui est un simple athée, mais c'est de la pose. Mari d'une très bonne femme, il a pour elle beaucoup de respect. Je crois bien que s'il tombait malade, il se confesserait pendant la nuit. Son mauvais génie est M. Petit, aujourd'hui sénateur et maire d'Amiens. J'ai vu M. Goblet présenter à sa femme l'eau bénite. Mais M. Petit est le parfait type du démagogue antichrétien. Il l'a bien prouvé en faisant détruire le *Calvaire des Pauvres*. En 1869, beaucoup des concessions temporaires accordées dans un des cimetières d'Amiens étant arrivées à terme, le maire et le conseil municipal avaient décidé que l'argent provenant de la vente des pierres tombales serait consacré à l'érection d'un grand crucifix de pierre. Une inscription placée au bas de ce *Calvaire des pauvres* rappelait le souvenir de ceux dont on avait dû détruire les tombes. Ce symbole blessait le maire radical d'Amiens. Il le faisait renverser dans la nuit du 10 novembre 1880, et les débris de la croix étaient jetés hors du cimetière. Ce vandalisme, qui dépassait celui même de Robespierre, humiliait sans doute les pauvres gens dont la foi et les affections se trouvaient blessées ; mais par de tels actes, M. Petit se faisait bien venir de la clique gouvernementale, comme en chassant les sœurs des hôpitaux et en interdisant les processions! Est-il besoin d'ajouter, qu'entre temps on laïcisait les écoles.

M. Spuller était préfet de la Somme quand on entreprit la laïcisation. Le maire d'Amiens était alors un M. Delpech. Il y avait dans la ville six écoles dirigées par les Frères des Écoles chrétiennes qui avaient toujours été à la tête de cinq de ces établissements. On leur promit que s'ils en abandonnaient un, on leur laisserait les autres. La promesse fut vite oubliée. On les chassa bientôt d'une seconde école. Puis l'un des frères fut poursuivi devant les assises à la suite de dénonciations; il fut acquitté par le jury; mais M. Petit était un trop bon radical pour ne pas profiter de cet incident. Il proposa au conseil municipal la laïcisation des quatre écoles restantes. Sa proposition fut adoptée, et le préfet, M. Spuller, se hâta de signer un arrêté se conformant « aux vœux du conseil et des habitants ». On poussa la petitesse jusqu'à refuser aux Frères le payement du mois commencé qui leur était dû !

Bien plus, la municipalité ayant fait évaluer le mobilier scolaire acheté et payé par les Frères, décida que ce mobilier lui appartenait. M. Fleury, journaliste distingué à qui je dois ces détails, allait-il trop loin quand il affirmait que de tels procédés, d'après le Code comme d'après les dictionnaires, étaient classés dans la catégorie du vol ?

On avait laïcisé les écoles de garçons ; il fallait laïciser les écoles de filles. On prit pour prétexte le refus des Sœurs de conduire leurs enfants à une fête obligatoire, qui avait lieu à l'heure du service. M. Petit demanda aussi la laïcisation de l'école de filles. C'en était trop pour M. Goblet lui-même qui protesta et vota contre la proposition. Mais M. Goblet fut battu et avec lui le maire, M. Delpech. Les conseillers opposants donnèrent leur démission au nombre de sept, et M. Petit fut élu maire par bénéfice d'âge. Ce M. Petit avait été à Amiens le fondateur reconnu de l'Internationale. Le 2 octobre 1880, ce maire remarquable accompagné d'un serrurier, vint frapper aux portes de l'école communale de Saint-Leu tenue par les Sœurs. Le jour même, les Sœurs avaient reçu la notification d'avoir à laisser les lieux, dès le lendemain. Fortes de cette notification, elles refusèrent de partir de suite. Le curé de Saint-Leu crut de son devoir de protester contre cette invasion. « Où sont les pièces qui prouvent les droits de la municipalité sur ces écoles ? » demanda-t-il à

M. Petit. M. Petit se contenta de répondre en demandant les clefs. Le curé refusa de s'en dessaisir ; mais le serrurier était là. Les portes furent forcées. Alors M. Petit se tournant vers le prêtre : « Le commissaire de police va venir ; s'il vous trouve ici, il vous fera circuler de force ! » Le vénérable curé se retira.

De l'école de Saint-Leu, notre *Robespierrot* local se fit conduire à l'école de Saint-Jacques, par une voiture payée aux frais des contribuables. Sans mot dire, il entra dans l'école, prit un siège et s'assit. L'une des Sœurs lui demandant poliment ce qu'il voulait : « Je veux que vous vous en alliez, » répondit-il. La supérieure appelée annonça tranquillement au maire que sur le conseil du clergé elle ne céderait qu'à la force ! « Très bien, on emploiera la force. Si vous êtes encore là jeudi, je vous fais jeter dans la rue ! »

Ce furent les contribuables d'Amiens qui durent payer les conséquences financières de ces incidents.

L'église de Saint-Leu se trouvait posséder la plupart des bâtiments des écoles laïcisées. Un procès s'engagea ; la ville dut rendre les bâtiments indûment occupés, et malgré l'appui donné par M. Goblet à M. Petit, ces tentatives finirent par coûter aux contribuables quelque cinquante mille francs. Et voilà pourquoi il faut, pour laïciser, bouleverser toute la magistrature. Il peut y avoir des juges à Berlin, mais non pas sous la République française.

Et comme je disais à l'ami qui me racontait tous ces faits qu'on ne se doutait guère en Angleterre et en Amérique de l'état vrai des choses en France, il reprit :

« Il faut encore que je vous raconte l'histoire de M. Petit et de Mlle Colombel. Mlle Colombel était institutrice laïque dans notre école du Petit-Saint-Jean. On aurait bien pu, soit dit en passant, changer les noms en changeant les maîtres. Cette Mlle Colombel avait un caractère très vif ; elle le prouva, un jour, en accablant une de ses élèves de coups de toute nature. Citée en justice et condamnée à l'amende, elle appela du jugement qui fut confirmé. C'était en mai 1885. Mlle Colombel ne perdit pas la tête. Elle se déclara victime des ennemis de la laïcisation. On voulait la persécuter. Le maire lui devait aide et protection. Le maire accepta cette tâche ; M. Petit devint le champion de l'institutrice contre la justice, et lui écrivit une lettre destinée à la publication et qui mériterait d'être reproduite tout entière et envoyée à l'Exposition. D'après M. Petit, l'institutrice n'aurait été que la victime des dénonciations d'un « Ulysse ne pouvant se consoler du départ de Calypso ». Mais le personnel laïque ne serait pas livré sans défense aux rancunes des cléricaux et aux faiblesses de la magistrature. M. Petit prendrait à sa charge tous les frais du procès, et une indemnité de cent francs, juste compensation du trouble supporté, viendrait prouver aux bonnes gens l'estime et la sympathie du maire pour l'institutrice.

» Que dites-vous, continua mon ami, de cette allusion à Ulysse et à Calypso faite par un fabricant de velours de coton ? Et que dites-vous de ce maire puisant dans la caisse municipale et injuriant la magistrature ? Il est aujourd'hui sénateur. Voilà comment est composé la Haute-Cour de justice ! Je n'ai pas grande opinion de Boulanger, non plus que de Clémenceau, le premier inventeur du Brave Général. Mais n'est-il pas grotesque de voir trancher par un M. Petit des questions aussi graves que celles soumises à la Haute-Cour ? Le Sénat et le gouvernement pourront affaiblir le général Boulanger en prouvant qu'il ne vaut pas mieux qu'eux, mais cela ne leur rendra pas la force qui leur manque. Ce qui tue la République, ce n'est pas la passion pour la Monarchie, ce n'est pas même la légende bonapartiste, bien qu'elle soit très forte dans notre région, c'est le mépris public. »

J'ai recueilli beaucoup des renseignements que je viens de noter dans une très intéressante conversation que j'ai eue avec M. Ansart et quelques-uns de ses amis. M. Ansart a ici une situation considérable.

Quand les partis sont baptisés d'après des individus, c'est que les saines notions politiques s'en vont ou n'ont jamais existé. Quels que soient les mérites des *Gladstoniens*, en Angleterre, ils ne sont assurément pas les champions les plus solides de la Constitution de la Grande-Bretagne. En France, les républicains ont multiplié les clans : on est clémenciste, ferryste, gambettiste ; aujourd'hui même tout se résume dans la lutte du gouvernement contre les boulangistes. A Amiens et dans la Somme, le boulangisme semble très puissant. Lors d'une élection partielle pour le remplacement d'un conservateur décédé, M. Deberly, le général Boulanger a été élu par 76,000 voix sur 122,000 votants environ. Il a été remplacé depuis par un royaliste, le général Monthaudon.

M. Fleury, rédacteur en chef de l'*Écho de la Somme*, m'a donné de nouveaux détails sur l'élection de Boulanger au mois d'août 1888.

Les monarchistes, royalistes ou impérialistes ont donné à Boulanger un concours, tacite ou avoué. Leur programme était le même : la revision de la Constitution. Si les électeurs de la Somme avaient tenu à la République, ils n'auraient jamais nommé Boulanger. D'après M. Fleury, les électeurs préféreraient beaucoup à la République un gouvernement monarchique, et probab'ement l'Empire ; mais ils sont habitués à recevoir de Paris des gouvernements tout faits et n'auraient guère dans l'idée de tenter un sérieux effort pour se débarrasser d'un gouvernement existant.

Si en 1848, le roi Louis-Philippe avait autorisé le maréchal Bugeaud à faire intervenir la troupe, la République aurait été écrasée dans son œuf, à la grande joie de l'immense majorité des Français. Mais le roi se laissa arrêter par un scrupule: il devait son trône à la garde nationale de Paris, il ne voulut pas le défendre contre elle. Si le duc d'Orléans avait vécu, il n'aurait pas admis cette considération; le duc d'Orléans était au tombeau. Les républicains triomphants furent les premiers surpris de leur victoire. Me trouvant à Paris deux ans plus tard, tout jeune encore, et lors de mon premier tour d'Europe, j'ai entendu raconter un fait très curieux par un Américain, bien connu dans le monde politique français, M. George Summer. C'était dans le salon de M. de Tocqueville.

D'après M. Summer, la République fut proclamée par les vainqueurs parce qu'ils ne savaient que faire de leur succès ; mais ils se demandaient avec terreur, si la France accepterait la révolution. C'est alors qu'Armand Marrast eut une idée de génie. Avant le départ des malles-postes et des diligences qui devaient porter dans la France entière la nouvelle de ces événements, il fit réquisitionner tous les peintres qu'on put trouver dans Paris et leur donna l'ordre d'effacer sur les voitures publiques les insignes de la royauté, pour les remplacer par les mots *République française* ; et dès le premier jour on put voir dans les provinces une preuve indéniable de l'existence du nouveau gouvernement.

C'est à Paris que se font les changements de régime. M. Fleury me citait un des mots d'un des lieutenants les plus actifs de Boulanger, M. Mermeix : « Avec quelques millions, la liberté de la presse et de l'affichage et trois mille hommes, je me charge de changer le gouvernement en moins d'un an. »

Remarque quelque peu cynique, mais qui explique le désir du gouvernement de jeter Boulanger en prison ou en exil. D'après M. Fleury, l'élection du général Boulanger dans la Somme fut assurée à partir du jour où on lui présenta des enfants à embrasser. C'était le meilleur signe de sa popularité. Il avait gagné les mères de famille et elles sont toutes-puissantes dans les campagnes de Picardie.

— Après notre visite à Doullens, j'ai dit au général : vous avez vingt-cinq mille voix de majorité. J'ai ajouté que rien ne prouvait mieux l'instinct monarchique des paysans que leurs acclamations en sa faveur.

— Qu'a-t-il répondu ?

— Il s'est contenté de sourire. Ce sourire pouvait dire bien des choses.

J'ai cherché en vain à me faire donner par M. Fleury une idée précise du programme politique de Boulanger. On m'avait beaucoup dit que le général avait forgé ce programme d'après ses observations, lors de son voyage en Amérique, comme délégué de la France aux fêtes de notre Centenaire.

J'étais curieux de savoir comment il pouvait s'y prendre pour *américaniser* le gouvernement français. Mais M. Fleury ne m'a point fait de réponse nette, non plus qu'un des amis les plus actifs de Boulanger que j'ai rencontré à Paris.

Le boulangisme me semble moins une force positive que négative. Il est appelé à détruire plutôt qu'à construire, et son rôle dans le mouvement politique de notre époque ne me paraît pas devoir être dominant. L'un des confidents de Boulanger, M. Turquet, a défini le programme boulangiste, dans ses conversations avec M. Fleury, en disant que c'était un programme de liberté mais la « liberté comme en Amérique et non notre libéralisme archaïque. Nos républicains d'aujourd'hui sont des jacobins, des sectaires, qui ne tiennent qu'à persécuter et à proscrire ; bien plus éloignés de la vérité que vous ne l'êtes, vous, royalistes, car vous avez pour chef un prince qui a l'esprit ouvert. »

— Mais que ferez-vous pour les catholiques, pour ceux qui croient, dit M. Fleury.

— Nous commencerons, répondit M. Turquet, par supprimer le budget des cultes; puis nous rendrons, sous une autre forme, au clergé l'indemnité qui lui est due. Les évêchés seront pourvus soit d'un revenu fixe, soit d'un revenu proportionnel à leur population. Les ordres religieux seront libres de se constituer, de soigner les malades, d'élever les enfants, mais non de posséder des biens. Une communauté pourrait posséder un collège, mais non une forêt près de ce collège.

Et comme M. Fleury se demandait comment le collège pourrait se maintenir sans propriété, M. Turquet reprit :

— Vous savez comme moi que la propriété foncière ne constitue plus à elle seule la fortune. Vous pouvez avoir en poche des millions en bons au porteur. Les ordres religieux pourront en avoir. Vous nous croyez utopistes. Le général rendra possible le triomphe de ces idées.

Le général Boulanger et M. Turquet se trompent fort s'ils croient avoir là des idées américaines. L'Église catholique aux États-Unis a ses biens propres, elle les gouverne comme elle veut. Et je me demande ce qui se passerait chez nous, si l'on proposait le vote d'une loi comme celle qui, depuis 1881, défend aux curés de recevoir les legs qui leur sont faits, en faveur des pauvres de leurs paroisses.

J'ai recueilli de M. Fleury de très curieux détails sur les dépenses d'une campagne électorale en France. Ici, comme en Amérique, les sommes dépensées par un candidat ne sont pas limitées par la loi. Je crois bien que, quoique la Chambre des Communes soit plus nombreuse que la Chambre des députés en France, les élections coûtent beaucoup moins cher en Angleterre qu'en France ou en Amérique.

L'un des *sous-préfets* boulangistes, en Picardie, raconta à M. Fleury que l'élection du Général était revenue à près de cent vingt-cinq mille francs. Les agents principaux recevaient deux mille francs. L'un d'entre eux devait avoir fait de bien bonne besogne, car on lui compta quinze mille francs. Mais toutes les dépenses étaient rapidement soldées, bien plus vite que celles faites par les candidats officiels. M. Mermeix a affirmé à M. Fleury que le trésor de guerre du Général était rempli par des souscriptions volontaires. Chaque jour, il trouve quelques dizaines de mille francs dans son courrier. Il a pour partisans des millionnaires et des mendiants. Un autre des amis du Général a donné à M. Fleury le nom de deux personnes, dont un riche marchand de la Villette, qui ont souscrit, à elles deux, cent quarante mille francs. Des gens qui ne sont en rien hostiles au Général ont bien souvent répété, et cela m'a été dit par des hommes très sérieux, que les fonds de la campagne boulangiste représentaient surtout des « paris sur le Général ». Et comme on me le faisait remarquer à Amiens, toute la différence entre les boulangistes et leurs adversaires, c'est que les premiers se servent comme engin de la fortune privée et que les autres emploient la fortune publique. D'après mon interlocuteur, le 27 janvier 1889, Boulanger aurait pu mettre le gouvernement à la porte. Mais « la faiblesse du boulangisme, c'est Boulanger. » Il est sans force auprès des officiers.

Ils n'ont confiance ni dans son caractère ni dans son habileté ; ils le regardent comme un être hésitant et incertain. La querelle entre Boulanger et les politiciens au pouvoir est avant tout une lutte pour la possession de l'assiette au beurre.

Quant à l'histoire stupide d'après laquelle les fonds du boulangisme seraient fournis par l'Amérique, je n'en vois d'autre origine que l'entente entre Rochefort, Boulanger et un noble français, porteur d'un nom historique, qui a épousé une très riche Américaine et adopté des opinions politiques quasi révolutionnaires.

Mais si Boulanger n'est pas populaire auprès des officiers, les simples soldats comptent sur lui et c'est l'une des forces de ce Mahdi français.

Pendant mon séjour à Amiens, je me suis lié avec une brave femme qui tient une petite boutique, type intéressant de « petite bourgeoise » honnête. Elle a un fils qui aura bientôt les galons de caporal: « Dame! monsieur, m'a-t-elle dit, si Boulanger n'est pas le meilleur général, pourquoi l'ont-ils fait Ministre de la guerre? Il s'est occupé du sort des soldats,

C'est grâce à lui que les sous-officiers pourront se marier; et ma future bru est une brave fille, fille unique et qui aura du bien. Et puis il a permis de porter la barbe, et il a fait soigner la soupe. Quant aux lits, ils étaient exécrables : mais il a pensé à tout. Vous me dites que les autres généraux ne l'aimaient pas. Parbleu ! C'est assez naturel. Et cette affaire sur la frontière? Boulanger avait toute l'armée dans la main. Ces canailles d'Allemands le savaient bien.

» Je ne désire pas la guerre, non certes; mais dame! il est bon d'avoir des dents et de savoir les montrer. Il faut qu'on le fasse empereur, et nous serons délivrés de tous ces gens-là, et des emprunts et de ces *centimes additionnels* qu'on additionne toujours et de toutes ces machines pour mesurer l'eau qu'on nous donne. Avec ça que le vin n'est pas assez cher, grâce à l'octroi! C'est Boulanger qu'il nous faut, monsieur! Il nous faut un homme à Paris; et il est l'homme, toutes les mères de soldats vous diront de même. »

Il est certain que sous l'Empire les finances

de la ville d'Amiens étaient en meilleur état qu'aujourd'hui, et j'ai recueilli des chiffres qui donnent quelque raison aux plaintes de ma boutiquière.

En 1870, avec une population de 61,000 habitants, les recettes et les dépenses d'Amiens se montaient à un peu plus d'un million et demi.

Sur les recettes 770,000 francs étaient fournis par l'octroi, soit de ce chef, un poids d'environ 13 francs par tête.

En 1886, avec une population de 74,000 habitants, l'octroi rapporte 1,498,000 francs, soit une charge d'environ 20 fr. 20 c. par tête. Les frais nécessités pour la rentrée de ces taxes sont d'environ 11,85 0/0 des recettes.

En 1886, les recettes totales de la ville s'élevaient à 2,683,000 francs; mais tandis qu'en 1870 les dépenses et les recettes s'équilibraient, en 1886 Amiens avec un revenu de 2,683,000 fr. a dépensé 4,162,000 francs : d'où pour les habitants une charge par tête de 56 fr. 10 c., alors qu'en 1870 cette charge était de 25 fr.

Je sais bien qu'une partie de ce lourd budget

vient de la guerre, des exactions allemandes et de la rançon nationale; mais en 1874 les dépenses de la ville d'Amiens ne s'élevaient qu'à 2,479,000 francs environ. En 1880, ces dépenses montent à 3,156,000 francs.

Depuis lors, le gouffre n'a cessé de se creuser et l'abîme entre le produit des recettes et les dépenses devient plus grand chaque année, si bien que si l'on additionne d'un côté les recettes et de l'autre côté les dépenses, pour une période de sept ans, de 1880 à 1886, on trouve aux recettes *dix-huit millions cinq cent trente mille francs* et aux dépenses *vingt-quatre millions cinq cent cinquante mille francs*. En sept ans l'administration républicaine a amené pour la ville un déficit de plus de *six millions*.

Et depuis lors, les mêmes folies ont continué, et les *palais scolaires* ont encore accru ce déficit.

Si dans la France entière on a procédé de la même manière depuis dix ans, les déficits des budgets locaux se monteraient, depuis 1880, à deux milliards. C'est le chiffre auquel arrive un de mes amis, ancien fonctionnaire très important des finances.

Je parlais tout à l'heure du poids des octrois; ce poids n'est pas moins lourd pour la patience que pour la bourse. Si une ville d'Angleterre ou d'Amérique avait à supporter ces éternelles vexations, on s'y révolterait au bout de huit jours. Je voudrais bien voir ce que diraient les habitants du Maryland si l'on voulait leur faire payer un droit pour l'entrée de leurs produits à New-York. Il y a à Amiens un bureau central d'octrois où l'on reçoit les droits payés par les grands établissements et les manufactures importantes; il y a dix bureaux ou barrières, aux gares de chemin de fer, aux marchés; il y a huit bureaux secondaires pour le paiement des droits inférieurs à un franc. Toute cette organisation soulève les réclamations générales, mais tous ces cris n'aboutissent à rien et n'aboutiront à rien tant que la France n'aura pas une vie administrative indépendante, pour toutes ses provinces.

Cette vie locale trouverait assurément des éléments en Picardie. Arthur Young, qui n'y avait vu que la misère, il y a cent ans, serait aujourd'hui frappé de la prospérité de cette province. La crise agricole a certainement atteint les grands fermiers, mais grâce à leurs épargnes et à la protection, ils se tirent mieux d'affaire que leurs confrères d'Angleterre, et les petits cultivateurs profitent à leur manière de la crise : ils travaillent autant que par le passé et ils peuvent acheter des lopins de terre à meilleur compte. La République pourrait même profiter de cet état de choses. Il est bien difficile de faire dire à un paysan picard son opinion politique, mais j'en ai entendu plus d'un dire en parlant d'un gros fermier : « C'est un aristocrate. » Cette vieille formule a un sens très clair aujourd'hui comme en 1789. L'aristocrate, c'est celui qui possède ce que je voudrais bien posséder. J'ai retrouvé ce sentiment dans d'autres pays, en Irlande, entre autres, mais en Irlande, le propriétaire qui tient les terres n'est pas seulement l'aristocrate, c'est aussi l'*étranger*, celui qui, d'après une vieille chanson du Kerry, « n'a aucun droit sur la terre que Dieu nous a donnée, et que nous ferons sauter avec de la dynamite ».

La dynamite n'était pas connue en Picardie il y a cent cinquante ans, et le Picard n'a guère que la religion de commune avec l'Irlandais; mais bien avant la révolution de 1789, on retrouve en Picardie des usages qui ressemblent assez à ceux de l'Irlande; entre autres la *coutume de mauvais gré* ou le *droit de marché*. Grâce à cette coutume, un tenancier picard se croyait autorisé à disposer à son gré du droit de cultiver la terre qu'il avait affermée, et cela sans souci des conditions ou de la durée du bail. Il vendait ce droit, il le donnait à sa fille en dot. Que le propriétaire protestât, qu'il allât même jusqu'à donner le bail à un autre, le fermier se considérait et était regardé comme *dépointé;* et comme tel se croyait permis toutes les vengeances. Il pouvait saccager les récoltes, brûler les fermes et, au besoin même, envoyer dans un meilleur monde son *accapareur*. Toute la région s'entendait pour protéger le *dépointé*, et cette charmante coutume eut pour résultat de faire baisser le taux des fermages. En 1764, l'autorité royale intervint, mais sans profit, pour mettre un terme à cet état de choses. Les paysans *opprimés* se permettaient vis-à-vis des propriétaires les mêmes fantaisies que les Irlandais d'aujourd'hui. Vint la révolution, et les *dépointés*, ardents partisans de l'égalité, déchirèrent leurs baux et, au nom de la liberté et au nom de la fraternité, envoyèrent leurs propriétaires à l'échafaud pour s'emparer de leurs terres.

En Picardie, la coutume de *mauvais gré* a eu bien plus d'influence politique que les théories de Voltaire et de Rousseau. Aujourd'hui même elle subsiste, et l'on entend parler çà et là de crimes et d'incendies, qui ont pour origine la prétention d'un propriétaire d'augmenter son fermage, sous le fallacieux prétexte que la valeur de la terre a augmenté.

Mais si les paysans picards ne manquaient pas d'énergie avant 1789, il est très certain que les idées libérales étaient, à cette époque, en Picardie, très réelles chez la noblesse et le clergé. La *corvée*, qui joue un tel rôle dans les histoires de la Révolution, était, de fait, abolie en Picardie, avant la réunion des États généraux. Et de fait, elle existe aujourd'hui, dans toute la France, sous la forme des *prestations en nature,* qui figurent dans tous les rôles départementaux.

Que la corvée pût donner lieu à des abus, cela est certain, et l'Intendant de Picardie faisait en 1787, aux États de la Province, un tableau enchanteur de tous les avantages qui devaient résulter de son abolition. On avait alors évalué à neuf cent mille livres la valeur de la corvée pour la région ; mais l'Intendant, avec l'aide d'un certain nombre de ces propriétaires que l'on regarde comme des tyrans, avait abaissé ce chiffre jusqu'à trois cent mille livres et réduit ainsi des deux tiers la charge imposée à la Province pour l'entretien des routes. Fait bien curieux ! ce ne furent pas les seigneurs mais les paysans eux-mêmes qui s'opposèrent à ces mesures. Ce qu'ils demandaient, semble-t-il, c'était bien moins le droit de racheter leurs prestations ou leur corvée, que l'entretien de leurs routes par l'État lui-même ; pénétrés de cette idée, aujourd'hui encore si puissante, que ce qui est payé par l'État n'est payé par personne.

En Picardie, comme dans toute la France, l'instruction publique était avant la Révolution bien plus répandue qu'on ne l'a prétendu. Il y a trois siècles Olivier de Serres et Bernard Palissy se lamentaient sur la tendance des paysans limousins et picards à faire élever leurs enfants bien plus soigneusement qu'ils ne l'avaient été eux-mêmes. Cette tendance des petits fermiers picards remonte bien loin. Ils étaient, d'après des documents qui datent de 1312, aussi nombreux que peuvent l'être aujourd'hui les petits propriétaires. La division de la propriété n'est pas un fait nouveau dans la région; et le Code civil n'a fait que développer ce qui existait déjà. La loi française ne contient pas, comme la loi allemande, de dispositions qui obligent les héritiers d'une propriété à s'entendre pour que le morcellement infini n'empêche pas la bonne culture. La grande prospérité de la culture des légumes a diminué ces inconvénients pour la Picardie. En fait, la condition des petits cultivateurs picards est assez bonne. Ils n'aiment pas les villes, car ils se rappellent l'époque où les bourgeois cherchaient à faire peser sur eux tout le poids des impôts.

Il y a plus de cinquante ans que Heine disait : « Quand je parle de la France, je parle de Paris et non des provinces. Quand je parle d'un homme, je parle de sa tête et non de ses jambes ! »

C'est dans cet esprit qu'on a continué à juger la France à l'étranger, car c'est dans cet esprit que la France elle-même est gouvernée. Mais qu'un beau matin les jambes se mettent à vouloir remuer d'elles-mêmes, et en Europe comme à Paris, on sera surpris du résultat.

CHAPITRE IV

A TRAVERS L'ILE DE FRANCE
LA MANUFACTURE DE SAINT-GOBAIN

Paris et l'Ile de France. — L'horticulture en France et en Angleterre. — Une feuille de chou. — Saint-Gobain. — La Manufacture de glaces, il y a deux cents ans et aujourd'hui. — Rapports de la Compagnie avec ses ouvriers. — Les institutions de secours. — Saint-Gobain et ses 288 deniers. — Un directeur sous l'ancien régime. — Robespierre et Saint-Gobain. — La Compagnie depuis 1830. — Un lac souterrain.

Le rapide voyage que l'on fait pour se rendre d'Amiens sur la Somme à la Fère-sur-Oise ne peut laisser par un beau matin d'été que d'agréables souvenirs. On traverse une région qui rappelle cette vieille description américaine d'un paradis champêtre : « On le chatouille avec la houe et il rit avec la moisson. »

Mais les charmes du passage n'empêchent pas de sentir l'influence de Paris. La fertilité même du sol est due moins à ses qualités naturelles qu'à l'action pressante de la métropole. Pendant des siècles, Paris a fait vivre l'Ile de France et l'Ile de France a fait vivre Paris. Aujourd'hui que les chemins de fer et les bateaux à vapeur facilitent les relations avec le monde entier, la capitale et la province sont plus prospères que quand elles dépendaient l'une de l'autre.

Qui aurait l'idée maintenant, comme on l'avait il y a cent cinquante ans, de venir à Paris de Soissons ou de Laon, pour boire l'eau de Seine « la meilleure eau qu'il y ait au monde, une eau qui guérit des fièvres » ?

Mais les vastes friches qui s'étendaient à travers l'île de France sont aujourd'hui admirablement cultivées. L'un des rares avantages clairement démontrés de la Révolution fut de transférer en de nombreuses mains les immenses propriétés que les abbayes et le clergé possédaient aux environs de Paris; mais n'aurait-on pas pu accomplir cette opération sans bouleverser tous les fondements de la société ?

L'influence de la capitale est cependant pour

beaucoup dans le développement extraordinaire de l'horticulture, sous toutes ses formes, dans la région. D'après M. Baudrillart, la proportion des horticulteurs, en Seine-et-Oise, a décuplé depuis 1860 ; il l'évalue pour 1880 à 50,000 personnes sur un total de 577,000 habitants.

Je ne crois pas que, pour l'Aisne et pour l'Oise, la proportion soit beaucoup moindre. Est-il besoin d'ajouter que cette industrie est pour beaucoup dans la beauté du pays et que le goût des fleurs s'est rapidement développé dans la population tout entière. Les villages anglais n'ont plus le monopole des petits jardins entourant les chaumières. Et Dickens ne pourrait plus, s'il voyait Paris, écrire que Londres est la seule capitale où l'on soit sûr de voir, dans tous les quartiers, quelque chose qui pousse et qui verdoie.

Remarque curieuse. Les départements qui entourent Paris sont bien plus riches en cultures de cette sorte que les comtés qui entourent Londres. Pourquoi les fleurs, les fruits, les légumes sont-ils plus beaux, plus abondants moins chers dans la capitale française que dans la capitale anglaise? Tout ne peut pas venir de la différence des climats.

La petite ville de La Fère s'élève, au milieu de ses vallées fertiles, avec un air martial qu'elle doit à son polygone, à ses promenades et à son histoire. Pendant les guerres de religion elle fut prise et reprise quatre fois en un espace de vingt ans, et s'il faut en croire une vieille ballade du XVIe siècle, les huguenots s'y conduisirent de manière à prouver que la réformation n'avait pas réformé leur moralité.

Aujourd'hui encore il y a des soldats à La Fère comme au temps de la jeunesse de Napoléon, mais la paix de cette jolie petite ville fortifiée est moins troublée par ces soldats que par les politiciens. J'ai acheté à la station de Tergnier un petit journal local plein d'attaques et de dénonciations contre le clergé.

— Qu'est-ce que ce journal? ai-je demandé à un gros homme, à la face rouge, à la mine cossue qui se trouvait dans mon compartiment.

Ça, monsieur, c'est une feuille de chou !

Mon interlocuteur lui-même se disait républicain, non pas boulangiste bien qu'il eût voté pour Boulanger. « Car il faut en finir avec ces impôts qui sont trop lourds. Une ferme valant trente mille francs il y a huit ans n'atteindrait pas vingt mille aujourd'hui. Que le diable emporte les traités de commerce ! »

A la station de La Fère, je trouve le coupé de M. Henrivaux, directeur des célèbres fabriques de Saint-Gobain.

En 1787, lors de la visite d'Arthur Young, ces fabriques, situées au milieu d'immenses forêts, produisaient les plus « grandes glaces du monde ». Les forêts s'étendent aujourd'hui moins loin, mais les glaces de Saint-Gobain restent les plus grandes du monde. Mais Saint-Gobain ne mérite pas seulement l'attention comme siège d'une des plus importantes industries modernes. Dans une très intéressante notice sur la vie de M. Augustin Cochin, l'un des plus distingués et des plus utiles parmi les Français distingués qui se sont occupés d'industrie, M. de Falloux dit sur Saint-Gobain cette phrase remarquable : « C'est une fleur industrielle sur une tige seigneuriale sortant d'un tronc féodal. »

L'histoire de cette grande et florissante industrie remontant à deux siècles et demi est l'histoire d'une évolution sans révolution.

On ne peut rien voir de plus français que Saint-Gobain, rien qui ait moins souffert des tremblements de terre parisiens, rien qui ait mieux su garder ce qu'il y avait de bien dans la constitution primitive. L'établissement ressemble à un grand chêne séculaire et verdoyant.

Dès le XIII° siècle, les *verriers* de France avaient de grands privilèges. Un vieux proverbe l'explique en disant : « Pour faire un *gentilhomme verrier*, prenez d'abord un gentilhomme. » Dès qu'il fut admis qu'un noble pouvait, sans déroger, se livrer à ce coûteux et artistique travail, un grand pas fut fait vers l'émancipation de l'industrie. C'est aux grandes forêts qui l'entourent que Saint-Gobain doit la création de sa manufacture, en 1665, et bien que le gaz ait depuis longtemps détrôné le bois, les forêts sont encore nombreuses dans le territoire et aux environs de la commune, qui doit son nom au prince irlandais Saint-Gobain, évangélisateur et martyr au VIIe siècle.

Le gouvernement possède environ, me dit-on, les deux tiers des dix mille hectares de bois qui forment environ 13 0/0 de l'étendue totale du département de l'Aisne.

Saint-Gobain a été fondé en 1665 par une association de verriers, sous la direction de M. du Noyer. Sous le Consulat, il fallut dire adieu aux vieux privilèges et faire face à la concurrence. Saint-Gobain a prouvé depuis, par ses triomphes, combien les privilèges étaient mérités. Toute son histoire, de 1665 à 1866, a été admirablement racontée par M. Augustin Cochin, dont le beau livre contient les renseignements les plus curieux sur l'état politique et industriel aussi bien que sur l'état social de la France.

En moins d'une heure de voiture, nous arrivons de La Fère à la petite ville de Saint-Gobain. Les deux mille habitants doivent tout leur bien-être à la grande Compagnie, et les maisons qu'elle a construites pour ses ouvriers ne sont ni les moins confortables ni les moins pittoresques de l'endroit. Saint-Gobain ne ressemble guère aux types anglais et américains de villes manufacturières. Sa vieille église du xiiie siècle avec ses tours du xvie siècle, ses beaux arbres ombrageant les routes, le grand parc au milieu duquel s'élève la manufacture étonneraient beaucoup de mes compatriotes. Tout le monde salue amicalement la voiture du directeur; l'irrémédiable conflit entre le travail et le capital ne semble pas être ici à l'état aigu.

J'ai reçu de M. Henrivaux le plus cordial accueil.

Le château de Saint-Gobain, où sont établis depuis longtemps les bureaux de la Compagnie, est un vaste édifice carré du temps et du style de Louis XIV. Henri IV était jadis seigneur de Saint-Gobain, et quand à la fin du xviie siècle, l'association des verriers acheta le domaine et le château au comte de Longueval, alors gouverneur de La Fère, on dut songer à éteindre les droits de la Couronne sur la propriété.

Rien ne peut donner une idée de la beauté de la vue qu'on a de la terrasse centrale de cet établissement unique au monde. L'intérieur même du château est meublé avec une imposante simplicité qui rappelle le grand air du xviiie siècle. En dehors des vastes appartements consacrés au directeur et à sa famille, toute une partie du château est réservée pour les six administrateurs quand ils viennent visiter la manufacture.

Si l'un des principaux fondateurs de l'usine, Lucas de Nehou, revenait au monde, il verrait encore dans les salons des fleurs de lis, et, il y a deux ans à peine, il aurait été reçu à l'entrée par un suisse majestueux s'appuyant sur une antique hallebarde. Ce reste imposant des âges passés est décédé à l'âge de cent deux ans. Quand un nouvel administrateur arrive à Saint-Gobain, on lui fait, m'a-t-on dit, une réception solennelle, avec musique et illuminations, et la grand'messe est célébrée dans la chapelle.

Dans l'un des salons, deux peintures commémoratives rappellent des visites faites par la duchesse de Berry et l'impératrice Eugénie.

J'ai passé à Saint-Gobain une charmante journée avec M. et Mme Henrivaux, et j'ai recueilli des renseignements d'un grand intérêt sur l'association coopérative fondée jadis par M. Cochin.

Cette association, dont M. Cochin avait lui-même dressé les statuts, est une association de consommateurs; elle a bien réussi. Ce sont les employés eux-mêmes, et non la Compagnie, qui l'ont créée, avec les conseils de M. Cochin et l'aide bienveillante des administrateurs. La Compagnie a prêté les locaux nécessaires et s'est chargée gratuitement des opérations financières de l'association, dont les affaires se montent à environ 1,500,000 francs par an. Tout est vendu à des prix inférieurs à ceux adoptés par les marchands locaux et les membres de l'association partagent entre eux les bénéfices qui se montent de 8 à 10 0/0.

Il existe aussi à Saint-Gobain une sorte de banque d'épargne, où les ouvriers peuvent déposer leurs économies jusqu'à ce qu'elles aient atteint 400 francs. Ils reçoivent pour ces dépôts un intérêt de 4 0/0. Quand la somme de 400 francs est complète, les ouvriers peuvent la retirer; s'ils le préfèrent, on la place en leur nom en fonds d'États ou en valeurs de chemins de fer.

Parmi les autres créations ayant pour but de venir en aide aux ouvriers, je citerai l'organisation des retraites. Les employés qui ont été un certain nombre d'années au service de la Compagnie, ou que des circonstances indépendantes de leur volonté empêchent de continuer leur service, reçoivent des pensions variant entre le cinquième et le quart de leurs appointements. Les veuves et les enfants continuent à toucher une part de ces pensions.

En 1888, la Compagnie consacrait à ses diverses créations une somme de 483,033 francs, ainsi divisée : pensions, 241,657; service médical, 100,055; écoles et églises, 57,788; divertissements, 17,667; dons et secours, 19,758.

Le chapitre *divertissements* est consacré à donner des subventions ou des prix aux Sociétés de musique, de tir, de gymnastique fondées par les ouvriers. La Société de tir, fondée en 1861, a été reconstituée en 1874. Les rapports ainsi maintenus entre la Compagnie et ceux qu'elle emploie sont tels que les ouvriers, en parlant de la manufacture, disent journellement « la maison ». Ils se sentent membres d'une grande famille économique.

Sur les 2,650 personnes actuellement au service actif de la Compagnie, dans ses divers centres, à Saint-Gobain, Chauny et Cirey, on en compte 432, ou plus de 16 0/0, qui sont depuis plus de trente ans au service; 411, ou plus de 15 0/0, qui y sont depuis plus de vingt ans; 553, ou près de 21 0/0, qui y sont depuis plus de dix ans; et 1,254, ou 47 0/0, qui y sont depuis moins de dix ans.

Je voudrais qu'on comparât tous ces faits et tous ces chiffres avec ceux que pourrait produire quelque grand établissement anglais ou américain; et l'on verrait l'injustice commise par ceux qui attribuent les commotions politiques de la France à l'instabilité et à la légèreté soi-disant inhérentes au caractère français.

Saint-Gobain n'est pas moins intéressant au point de vue industriel qu'au point de vue humanitaire. Il y a cent ans, Arthur Young se félicitait d'être tombé sur un jour où les fours étaient en pleine activité et où l'on procédait au *coulage*. Il faudrait aujourd'hui bien de la malchance pour tomber sur un jour où l'on ne procéderait pas au coulage. Car la production de Saint-Gobain est maintenant bien plus considérable qu'en 1789 et la suppression des privilèges n'a certainement pas diminué l'importance de la Société, aussi puissante pour le moins, en 1889, sous la présidence du duc de Broglie, qu'elle pouvait l'être il y a cent ans, sous la présidence du duc de Montmorency. Les années et les révolutions ont passé ; mais Saint-Gobain est toujours dirigé dans le même esprit que lors de la fondation. C'est une antique dynastie qui a accepté les conditions de la vie moderne, sans renoncer à ses principes fondamentaux. « Si l'on compare, me disait M. Henrivaux, le Saint-Gobain de 1702 au Saint-Gobain de 1889, on verra qu'il y a quelque force dans notre double devise : « Évolution dans le progrès et hérédité dans l'honneur. »

C'est le 1er février 1703 qu'a été signé l'accord

définitif entre les différents fondateurs de Saint-Gobain. Le capital mis en commun, estimé à 2,040,000 livres, était divisé en vingt-quatre parts ou *sols* de 85,000 livres et chaque *sol* partagé en douze *deniers*, soit un total de 288 *deniers*. Les propriétaires de ces deniers s'engageaient solennellement à ne pas emprunter, et à subvenir aux dépenses proportionnellement à leur mise primitive. Ils devaient toujours garder un million disponible pour les dépenses courantes. L'intérêt du capital engagé était de 10 0/0, en dehors d'une allocation annuelle de mille livres et des jetons de présence pour les Comités. Toutes les difficultés devaient être réglées par un arbitrage et toutes les décisions devaient rester secrètes. L'organisation resta la même jusqu'en 1830.

Pendant cette longue vie de plus d'un siècle, je ne crois pas que le paiement des dividendes ait jamais été suspendu, sauf pendant la Terreur, de 1794 à 1797. Le travail fut même alors momentanément interrompu. M. Deslandes, le très remarquable directeur de la Compagnie, avait donné sa démission en 1789.

Ce M. Deslandes avait été choisi par la célèbre Mme Geoffrin, dont le mari était administrateur de Saint-Gobain. Type remarquable de l'ancienne France, il ne se serait pas permis de diriger l'exécution d'une commande importante sans être en costume de cérémonie, perruque poudrée et l'épée au côté.

M. Deslandes fut suivi dans sa retraite par plusieurs des administrateurs qui émigrèrent et dont les *parts* furent saisies au nom de l'Égalité. Pour avoir commis le crime de rester en correspondance avec eux, M. Guérin, caissier de la Compagnie, fut guillotiné. La direction de la manufacture fut naturellement confiée à de loyaux *patriotes* ; mais leur incompétence était si criante, que Robespierre lui-même, pour sauvegarder les intérêts de l'État, dut réquisitionner deux des *aristocrates* qui avaient possédé l'affaire, pour remettre un peu d'ordre dans l'administration. Tels les forçats qui se révoltent en mer sont parfois forcés de « réquisitionner » pour les sauver, pendant la tempête, le capitaine qu'ils avaient d'abord enchaîné.

Quand les lois reprirent leur empire, tout rentra dans l'ordre à Saint-Gobain. En 1831, les propriétaires de deniers se décidèrent à former une *Société anonyme*, conformément aux règles du code. A la première assemblée générale de cette Société on dut rendre compte du long exercice de cent vingt-huit années qui s'était écoulé depuis la fondation de la Compagnie et tous les chiffres furent approuvés sans conteste. Exemple frappant de l'*hérédité dans l'honneur !*

Depuis lors les opérations de la Société se sont encore beaucoup étendues. Elle a joint à la manufacture des glaces une fabrique de produits chimiques. Elle possède des établissements dans l'Allier, en Allemagne, à Pise en Italie. Six manufactures de miroirs, six manufactures de produits chimiques, une mine de pyrites de fer, une mine de sel, des milliers d'hectares de forêts, un chemin de fer, telles sont les propriétés de la Compagnie. A Saint-Gobain, en dehors des miroirs, on fabrique des glaces de toute espèce, pour toitures, pour planchers, pour instruments d'optique. La grande lentille qui se trouve au haut de la tour

Eiffel, et d'où rayonne chaque soir la lumière électrique, a été faite à Saint-Gobain.

Colbert écrivait jadis au comte d'Avaux : « Il n'y a pas de marchés dans le royaume pour de grands miroirs; le roi seul peut en avoir besoin, » et aujourd'hui les produits de Saint-Gobain sont répandus dans le monde entier. De l'Eden-Théâtre, à Paris, au Casino de Monte-Carlo, du *Terminus* de la gare Saint-Lazare, à Paris, à l'immense édifice que des négociants entreprenants ont planté à Rome dans le Corso, vous retrouvez les glaces de Saint-Gobain. A l'Exposition de 1889, le shah de Perse a contemplé avec ravissement l'immense miroir dont je cite les dimensions, convaincu que mes compatriotes s'efforceront de les dépasser pour l'Exposition de 1892. 7 m. 63 c. de hauteur sur 4 m. 10 c. de large, 12 millimètres d'épaisseur, un poids de 940 kilogrammes, une superficie de 34 m. 24 c., telles sont les mesures de ce chef-d'œuvre que les concurrents belges de Saint-Gobain ont vainement cherché à copier, en envoyant leurs espions rôder autour de la manufacture.

Sur les 3,080,000 mètres carrés de glaces polies que produisent les manufactures du monde entier, la France vient au premier rang avec 930,000 mètres carrés, l'Angleterre au second avec 900,000, la Belgique au troisième avec 600,000. Sur les 930,000 mètres carrés fournis par la France, Saint-Gobain en produit 800,000. Et les prix ont baissé dans d'énormes proportions.

En 1702, un miroir ayant deux mètres carrés de surface coûtait à Saint-Gobain 540 francs; en 1889, un miroir ayant 4 mètres carrés coûte 136 francs; et l'on peut avoir aujourd'hui pour 467 francs un miroir de dix mètres de surface qu'on ne se serait procuré à aucun prix en 1702. Et l'industrie est arrivée à un tel perfectionnement qu'on fait maintenant des pavés et des tuiles en glace, et que les sept opérations nécessaires pour transformer en un miroir éclatant le mélange de poussières, de sable et de cendres ne prend aujourd'hui que cent vingt-sept heures; il y a cent ans, il aurait fallu plus de dix jours.

Parmi les curiosités de Saint-Gobain, il faut

noter un lac souterrain qui sert aujourd'hui de réservoir et qui couvre un espace d'environ 1,200 mètres carrés. M. Henrivaux, après m'avoir montré les merveilles de la surface, a bien voulu me faire voir les merveilles qui se trouvent sous la terre. Un ouvrier armé d'une lanterne nous avait précédé sous ces voûtes obscures. Il attira à lui un long bateau dans lequel on nous invita à monter. Çà et là, des lanternes de couleurs variées avaient été disposées sur les parois, sans que la lumière fût nulle part trop éclatante, et cette course étrange sur un lac fantastique où nous étions conduits par un gondolier silencieux m'a laissé un souvenir très vif.

CHAPITRE V

HISTOIRE D'UNE PETITE VILLE

Chauny. — Les fabriques de produits chimiques. — Rôle et importance des francs-maçons. — Les hôpitaux et les écoles avant et après la Révolution. — Comment les bourgeois de Chauny avaient détruit, en 1432, le château fort occupé par les Anglais. — Chauny pendant la Révolution. — Le *Cul-de-sac de la Vigilance*. — Les habitants de Chauny en 1815 et 1816.

La jolie petite ville de Chauny, qui s'élève dans la riche et charmante vallée de l'Oise, doit toute sa prospérité à Saint-Gobain. Elle est traversée dans tous les sens par des canaux qui en font une Amsterdam en miniature. C'est à Chauny que se trouvent les grandes manufactures de produits chimiques qui servent non seulement à la fabrique des glaces, mais ont aujourd'hui une grande importance agricole. En 1889, la Société de Saint-Gobain occupe 3,300 ouvriers employés à la fabrication des produits chimiques ; ces ouvriers sont répandus dans six établissements ; Chauny seul en compte 1,350. Au point de vue commercial, l'importance de ces usines dépasse même l'importance de la fabrique de glaces. Depuis dix ans, la production d'acide sulfurique a plus que doublé et se monte aujourd'hui à plus de 200,000 tonnes annuellement.

C'est au chimiste Leblanc que sont dues les découvertes qui ont amené l'extension de Chauny ; l'une des rues de la ville porte son nom ; pour rendre hommage à tous les savants auxquels la Compagnie est redevable directement ou indirectement, on a baptisé plusieurs autres rues en leur honneur. Il y a à Chauny la rue Gay-Lussac, la rue Guyton de Morveau, la rue Pelouze, le cours Lavoisier.

Ici, comme à Saint-Gobain, la Société s'est préoccupée du sort moral et matériel des ouvriers. Les secours médicaux, les remèdes leur sont délivrés gratis. Des retraites et des pensions leur sont accordées. La Compagnie a bâti une chapelle, établi un dispensaire, organisé d'excellentes écoles sous la direction de sœurs de charité qui n'ont pas encore été expulsées.

— Que pense-t-on de cette question de l'éducation religieuse ? ai-je demandé à un homme qui, après avoir rempli un poste important dans la contrée, s'est consacré maintenant à ses fleurs et à ses livres et vit dans une charmante maison datant du XVIIIe siècle.

— Tous ceux qui ont du bon sens, et ils sont nombreux, sont dégoûtés des attaques contre le clergé. Ce n'est pas parmi les ouvriers que se rencontrent les éléments de trouble ; mais nous avons à Chauny des immigrants accourus de tout le département pour trouver ici du travail et que l'on n'a pas pu employer. Ils errent à l'aventure et se réfugient trop souvent au cabaret. Ce sont des éléments tout trouvés pour faire des républicains, grâce à l'action des francs-maçons.

Ce n'est pas la première fois que j'entends attribuer aux francs-maçons la direction du mouvement anti-clérical. « C'est une secte persécutrice, » me disait ici même un de mes interlocuteurs qui est très intelligent. « Ils veulent détruire la religion chrétienne, et parodient les symboles chrétiens. Leur organisation est redoutable ; ils ne comptent pas beaucoup de fonctionnaires parmi eux, mais ils font peur aux fonctionnaires. Dans l'Aisne, le préfet lui-même est franc-maçon, et tous ses subordonnés vivent dans la crainte de l'Ordre. Les francs-maçons font et défont leurs carrières, grâce à leurs relations avec le monde officiel de Paris.

» Vous me dites qu'en Angleterre et aux États-Unis les francs-maçons sont amis des lois et comptent dans leurs rangs beaucoup d'hommes considérables ; qu'au Brésil même beaucoup de prêtres sont francs-maçons ; mais ici, en France, les francs-maçons sont des ennemis déclarés de l'Eglise, et j'ai entendu dire qu'au Mexique ils ont été les alliés actifs de Juarez contre Maximilien. Gambetta savait bien ce qu'il faisait quand il a poussé son fameux cri de guerre : « Le cléricalisme, voilà l'ennemi ! » il marchait d'accord avec les francs-maçons. Washington pouvait bien être franc-maçon, il y a un siècle ; mais sa franc-maçonnerie ne ressemblait pas plus à la franc-maçonnerie française d'aujourd'hui que notre

République ne ressemble à la République fondée par Washington. »

La petite ville de Chauny possédait, bien avant la Révolution, des institutions charitables et des établissements d'instruction dont l'existence et l'organisation sont très contraires à tant de légendes partout répandues. Dès le commencement du XIIe siècle, Chauny avait un hôpital dirigé par le maire et les magistrats de la ville; cet hôpital avait reçu de nombreux legs; détruit pendant les guerres de religion, il fut réorganisé en 1620, sous l'initiative d'une pieuse femme, Marie Dubuisson. Confisqué par les *patriotes* de 1793, l'hôpital se vit adjoindre, en 1811, un asile d'orphelins qui fut placé sous la direction des sœurs de charité. Sous le second Empire, on construisit un vaste édifice qui remplaça les vieux bâtiments de l'Hôtel-Dieu; le nouvel hôpital reçut le nom de Sainte-Eugénie. Les autorités locales ont eu le bon sens de ne pas faire disparaître le souvenir de cet hommage à l'impératrice. Lors de la première Révolution, une telle faiblesse n'aurait pas été tolérée. La rue des Prémontrés était devenu le *Cul-de-Sac de la Fraternité* et l'on avait baptisé de *Cul-de-Sac de la Vigilance* la rue où se trouvait le *monastère de la Sainte-Croix* fondé par Marie de Clèves, duchesse d'Orléans.

Chauny avait, sous l'ancien régime, un collège comme un hôpital, et la rue des Bons-Enfants rappelle encore le souvenir des « bons enfans escholiers ». Le collège, restauré sous Louis XV, fut confisqué comme l'hôpital par les Terroristes.

Dans chaque paroisse de la ville, on comptait une école avant 1789. Le maître, en dehors des écoliers payants, devait élever huit enfants pauvres désignés par le maire. C'est pour les enfants pauvres également qu'Antoine Bouzier d'Estouilly, noble et prêtre, docteur en Sorbonne, chanoine de la collégiale de Saint-Quentin, avait fondé à Chauny, en 1713, deux bourses qui ont résisté à toutes les révolutions. Ces bourses étaient destinées à venir en aide « aux plus pauvres » de ceux qui pourraient concourir avec succès pour leur obtention. Les bénéficiaires devaient en jouir pendant huit ans, après leur entrée en troisième ; la fondation devait leur permettre de servir l'Eglise comme ecclésiastiques, ou l'État comme fonctionnaires.

Comment les fonds versés par l'abbé Bouzier purent-ils échapper aux griffes des révolutionnaires ? Ce qui est certain, c'est qu'en 1871 ils existaient encore, et qu'ils avaient été assez bien administrés pour qu'on pût, sur leurs revenus, créer une troisième bourse. L'exemple de l'abbé Bouzier a été suivi récemment par une Mme Lacroix de Sinceny qui a fondé à perpétuité, en souvenir de son fils qui était adoré dans le pays, une série de prix pour être distribués entre les élèves des écoles communales du canton de Chauny et les élèves des écoles créées par la Société de Saint-Gobain.

Mme Lacroix a aussi créé quatre bourses pleines à l'École des Arts et Industries de Châlons-sur-Marne. Ne peuvent concourir pour ces bourses que les fils de travailleurs, domestiques de campagne, laboureurs, employés agricoles ou industriels, domiciliés dans le canton de Chauny et dont les revenus ou les gages ne dépassent pas 2,000 francs.

Mais Mme Lacroix ayant déclaré que les curés de Notre-Dame et de Saint-Martin devaient faire partie d'office du comité chargé d'administrer sa fondation, il est probable que le gouvernement trouvera le moyen de faire rayer les curés de ce comité. La République française est logique et ne peut permettre aux ecclésiastiques de faire partie des comités d'instruction.

Chauny est une ville très ancienne qui remonte, pour le moins, à Charlemagne; mais si elle a une très intéressante histoire, elle n'en a gardé que peu de traces dans ses monuments. Pendant les guerres du xve et du xvie siècle la vieille cité a été si souvent prise et reprise que la plupart de ses édifices ont été détruits. En 1432, les Anglais y étaient les maîtres; le duc d'Orléans, de l'apanage duquel Chauny dépendait, était prisonnier en Angleterre et Messire Collard de Mailly avait accepté de tenir la place pour le compte des conquérants. Les bons bourgeois de Chauny, qui se souvenaient des privilèges que leur avait jadis accordés le roi Philippe-Auguste, goûtaient fort peu cet état de choses. Ils décidèrent de s'emparer de la forteresse occupée par les Anglais et de la détruire. Monstrelet nous raconte tout cet incident, avec beaucoup de vie, dans ses *Chroniques* et si j'en parle, c'est qu'à mon avis les bourgeois de Chauny renversant le château fort tenu par les Anglais, en 1432, sont bien supérieurs aux héros de la Bastille, massacrant les défenseurs de la place, en 1789.

Or donc Jean et Mathieu de Longueval, Pierre Piat et autres notables de la bonne ville de Chauny se lièrent par serment et résolurent de s'emparer de la forteresse pour la démolir. Ils prirent occasion d'un jour où le Sire de Mailly et son frère étaient descendus vers la ville pour y prendre plaisir, et s'emparèrent sans difficulté des portes du château. Les bourgeois qui étaient dans le complot se hâtèrent de prendre les armes à un signal convenu, et avant que MM. de Mailly eussent eu le temps de se décider à rien, la forteresse était occupée par une troupe nombreuse d'hommes résolus.

Pour lors, on envoya aux deux chevaliers restés dans la ville des délégués qui leur déclarèrent que, tout ayant été fait pour la paix et la prospérité de la ville, aucun mal ne leur adviendrait.

Messires de Mailly firent contre mauvaise fortune bon cœur ; ils s'installèrent avec leurs amis dans un des hôtels de la cité, où tout ce qu'ils possédaient leur fut apporté, et peu après ils se décidaient à quitter la place.

Cependant les bons bourgeois de Chauny s'étant mis à l'œuvre, hommes, femmes et enfants, la forteresse fut détruite en peu de jours et ramenée au niveau du sol. Elle ne fut jamais reconstruite.

En 1557, Chauny fut occupé par les Espagnols ; cinq ans plus tard, par Condé et les Huguenots. La ville fut une des premières à reconnaître Henri IV, et, pendant le siège de La Fère, la belle Gabrielle vint s'installer à Chauny pour tenir compagnie au Vert Galant.

Au siècle suivant Chauny fut disputé entre les troupes françaises et les Impériaux. En 1652, la ville se rendit aux Espagnols après une défense courte, mais acharnée. Les vainqueurs s'engagèrent à maintenir les bourgeois dans tous leurs biens, droits et privilèges.

Le maire Claude le Coulteux fut anobli par Louis XIV pour sa belle conduite et l'on raconte que le curé de Saint-Martin, lui-même, avait pris part à la lutte, combattant sur les remparts et pointant le canon contre l'ennemi.

Vint la Révolution. Bien que Chauny ne compte pas 4,000 habitants, les Terroristes trouvèrent le moyen d'y faire parler d'eux. Ils firent de Notre-Dame une fabrique de salpêtre, volèrent les cloches des églises, chassèrent les sœurs de charité, détruisirent les hôpitaux, firent arrêter les meilleurs citoyens et conduisirent à la guillotine, par leurs dénonciations, le comte d'Estaing, ce brave amiral qui avait contribué avec Rochambeau à l'indépendance des États-Unis. Comme on demandait son nom à ce vaillant marin, il se contenta de répondre : « Coupez ma tête, envoyez-la à la flotte anglaise, on saura vous dire comment je m'appelle. » De juin 1793 à mars 1795, la *Société populaire*, organisée à Chauny par des émissaires parisiens, tyrannisa la ville de la manière la plus odieuse sous la direction d'un certain Pierre Gogois, auteur de chants patriotiques adressés « *aux brigands couronnés qui veulent rétablir l'odieuse monarchie au moyen de leurs hordes anthropophages* ». Les bons bourgeois de Chauny sortirent de la tourmente révolutionnaire bien moins disposés, sans doute, à lutter pour leurs droits que ne l'avaient été leurs ancêtres. Car, en 1815, ils firent une souscription pour offrir une médaille d'or au commandant prussien, le colonel von Beulwitz : « A. M. von Beulwitz, la cité de Chauny reconnaissante. » Ce qui semble prouver qu'à la fin de l'ère napoléonienne, la France était fatiguée de la révolution et de ses conséquences. En 1816, les habitants de Chauny tinrent, sous la présidence de leur maire, une grande réunion dans laquelle ils déclarèrent qu' « en fait et de leur propre volonté, ils n'avaient jamais adopté les principes impies et séditieux introduits en France par une minorité factieuse, et qu'ils regardaient la mort du roi très chrétien Louis XVI comme le plus exécrable de tous les crimes ».

CHAPITRE VI

DE CHAUNY A COUCY-LE-CHATEAU

L'auberge du *Pot d'Étain*. — La même reine pendant cinquante ans ! — La Terreur en 1789. — Le château de Pinon et le château d'Anizy — Histoire de la *belle Picarde* et du marquis d'Albret. — Les descendants de Moreau.

Peut-on faire en France ou hors de France une course plus charmante que d'aller, par un beau jour d'été, de Chauny jusqu'à Coucy !

La voiture, dans laquelle je suis parti de Chauny, m'a été fournie par l'hôtelier du *Pot d'Étain*, personnage intelligent et solide, bon connaisseur en chevaux, qui m'a procuré une sorte de panier tels que ceux dont on se sert à Nice et à Monte-Carlo. Sa fille, charmante personne et qui n'ignorait pas ses charmes, ne m'a pas paru tenir en grande estime les maîtres du jour en France. Je venais de lui remettre un *souverain* anglais pour régler mon compte : « Cela pèse plus qu'un Napoléon, a-t-elle remarqué. Quelle est cette jeune dame? elle est jolie et a une bonne tête. »

Et comme je lui expliquais que la dame était jeune parce que la pièce était vieille, et que la tête était celle de la reine de la Grande-Bretagne, qui régnait depuis plus de cinquante ans : « Plus de cinquante ans ! s'est-elle écriée. Et c'est la même reine ! Ah ! les Anglais se conduisent bien. Faut-il s'étonner qu'ils soient riches ! Ce ne sont pas des enfants comme nous. »

La route qui monte de Chauny à Coucy-le-Château traverse de si beaux bois alternant avec des parcs et des champs très bien cultivés qu'on pourrait croire ne traverser qu'un seul domaine. La route est parfaite, très bien entretenue, les arbres magnifiques, les haies verdoyantes. Le comte de Brigode possède près d'ici un très beau château. Non loin se trouve le château de Lavanture, dont se trouvait propriétaire, à la fin du siècle dernier, la *Muse de la Raison* ou le *Boileau des femmes* : Constance de Theis, princesse de Salm. Son neveu, le dernier baron de Theis, l'un des hommes les plus charmants et des archéologues les plus consciencieux qu'on pût voir, est mort en 1874, et ses collections remarquables ont été dispersées par le marteau des commissaires-priseurs.

Toute cette région est pleine de souvenirs historiques. On pourrait l'appeler le berceau de la Monarchie française ; mais parmi les châteaux qui s'élèvent entre Laon et Soissons, il en est bien peu qui soient anciens, sauf par leur nom. La jacquerie de 1789, cette jacquerie qu'Arthur Young a pu constater, a sévi dans les campagnes de la région, amenant l'émigration de ceux dont on brûlait les châteaux. La terreur de 1793 à Paris a été sombre et vile, mais la terreur de 1789 dans les campagnes a été plus sombre et plus vile encore. Arthur Young a rencontré sur son chemin bien des seigneurs fuyant leurs foyers dévastés, dans le vain espoir de trouver asile dans la ville voisine. Dans l'été de 1789, la marquise de Fondani voyait son château de Montcuq-en-Quercy ravagé par les paysans ; elle en était réduite à vivre de la charité publique; sa tante, âgée de quatre-vingt-quatorze ans et qui s'était toujours signalée par sa bonté pour les ouvriers, expirait sous les yeux indifférents des pillards qui se partageaient ses dépouilles.

La populace du Mans battait M. de Guilly jusqu'à la mort, brûlait vif le comte de Falconnière, coupait le nez et les oreilles de tous les habitants du château de Juigné. En août 1789, M. de Barras était mis en pièces sous les yeux de sa femme. Mme de Listenay et ses deux filles étaient attachées à des arbres et torturées. Mme de Monteau et ses proches, après huit heures de tourments, étaient noyés dans le lac du château. A Bordeaux, les abbés de Longarian et Dupuy étaient décapités. M. de Bar était brûlé vif dans son château, et toutes ces horreurs se commettaient dans l'été de 1789, bien avant qu'une trompette allemande eût résonné sur la frontière française. Et c'est quand les châteaux eurent été brûlés et pillés, quand les propriétaires eurent été réduits à la fuite, que le gouvernement, mettant en œuvre les principes de Brissot, déclara que l'émigration était un crime et confisqua ce qui restait des propriétés des émigrés !

Ici même, dans cette belle région qui s'étend entre Laon et Coucy, l'histoire de ces jours mauvais peut se retrouver partout. Que sont devenus tant de beaux édifices : châteaux, églises, monastères, dont le nom existe encore mais dont les traces ont disparu? Où sont le château de Molerepaire, l'église de Wissignicourt, le château de la Cressonnière? Ne faisaient-ils pas partie du capital accumulé de la France? Pourquoi ont-ils été détruits? Il ne reste que les murs de l'abbaye de Saint-Médard-lès-Soissons; le monastère de Saint-Jean-des-Vignes a été ravagé. Ajoutez à ces monuments douze commanderies du Temple, dix commanderies de Saint-Jean de Jérusalem, deux chartreuses, dix églises collégiales, plus de cent cinquante couvents et prieurés, et comptez aujourd'hui ce qui reste de tant de communautés alors florissantes. Ce qui est vrai des édifices religieux est vrai aussi des châteaux. Combien de forteresses, dont les noms résonnent dans l'histoire de France, ne vivent-elles plus que par le souvenir! Que reste-t-il de Caulaincourt, de Cœuvres, de Condé, de Buzancy, de Puységur ?

En 1787, deux des châteaux les plus importants de la région étaient ceux d'Anizy et de Pinon. L'un fut détruit de fond en comble, l'autre existe encore aujourd'hui et passe pour le plus beau des environs de Laon. Comment Anizy tomba-t-il? Pourquoi Pinon fut-il sauvé? L'explication d'un sort si différent ne manque peut-être pas d'intérêt.

Le château d'Anizy appartenait depuis des siècles aux évêques de Laon qui étaient ducs et pairs. En 1789, l'évêque de Laon, Louis de Sabran, était estimé et aimé de tout le diocèse pour sa bienveillance et sa libéralité; il avait pris un soin tout spécial d'Anizy et du parc qui l'entoure.

Vint la Révolution; le directoire du district de Chauny s'empara du château en 1790. Les meubles, les tableaux, les objets d'art furent dispersés, le château lui-même détruit presque en entier. Les beaux arbres du parc furent abattus. La vieille église de Sainte-Geneviève, transformée d'abord en salle de réunion publique, fut convertie en fabrique de salpêtre ; les pierres des tombeaux furent vendues. Ce qui restait du château, acheté en 1792 par un propriétaire de Sainte-Marie, fut cédé par lui en 1793 à un autre propriétaire qui le revendit en 1795.

Le château de Pinon, bien que son histoire soit plus dramatique, put résister à l'ouragan révolutionnaire. Bâti au xiie siècle par Enguerrand de Coucy, il appartenait en 1678 au comte de Lameth. La comtesse de Lameth, belle et charmante, n'était point vertueuse ; elle avait pour amant Charles, marquis d'Albret, dernier représentant de cette illustre race. M. de Lameth parvint à découvrir les relations entre sa femme et Charles d'Albret ; il décida de se venger. Sur son ordre et devant ses menaces, la belle Picarde eut la faiblesse d'écrire une lettre donnant un rendez-vous d'amour ; le jour fixé pour le rendez-vous, M. de Lameth partit pour Laon, en grand apparat, non sans avoir enfermé sa femme sous bonne garde.

Le marquis d'Albret n'attendait que son

départ. Caché dans une petite hôtellerie du voisinage, il pénétra vers minuit dans le parc de Pinon. A peine avait-il fait quelques pas qu'il reçut un coup de feu. Trois domestiques, dont le propre valet de chambre du comte de Lameth, se jetèrent sur lui affectant de le prendre pour un voleur. Il tua l'un de ses assaillants d'un coup de pistolet et tomba bientôt mortellement atteint. Cinquante ans plus tard, en faisant des travaux dans le parc de Pinon, on retrouvait un anneau d'or portant le nom du marquis d'Albret.

Claude, comte de Lameth, le mari jaloux de la belle Picarde, était un grand personnage; mais le marquis d'Albret était un personnage plus grand encore et dont la mort ne devait point passer inaperçue. Sa propre femme, refusant de croire à l'infidélité de son mari, demanda passionnément justice au roi contre les assassins. Elle était dame d'atours de la reine et sa famille était bien en cour. La clameur devint telle que le comte de Lameth dut chercher un refuge à l'étranger. Après avoir fait enfermer sa femme dans un couvent d'Ursulines, il passa la frontière. Par crainte d'une confiscation, il vendit le château de Pinon à son ami Pierre Dubois de Courval, président au Parlement de Paris.

Courval renversa l'ancien château et fit élever à la place le bel édifice qu'on admire encore; Le Notre fit lui-même le dessin du parc.

En 1789, Pinon était habité par une Mme de Courval qui était veuve et dont le fils aîné n'avait que quinze ans. Elle se refusa à émigrer, décidée à défendre le bien de ses enfants. Grâce à sa finesse et à son habileté, elle sut s'arranger avec les démocrates; elle fit élire son fils, âgé alors de dix-sept ans, commandant de la garde nationale. Mais elle n'oubliait pas sa naissance et, en 1794, le jeune de Courval, qui avait vingt ans, épousait la fille du marquis de Saint-Mars. Il fut fait baron par Napoléon et retrouva son titre de vicomte sous la Restauration.

Son fils, très en faveur auprès de Charles X, avait épousé la fille unique de Moreau et l'on voit encore dans l'une des tours de Pinon, les étendards conquis sur les ennemis de la France par ce général qui devait mourir en combattant Napoléon.

La vicomtesse de Courval qui habite aujourd'hui Pinon est la belle-fille du gendre de Moreau. Elle est Américaine d'origine.

Quand je pense à cette histoire très différente du château de Pinon et du château d'Anizy, je me demande si les habitants d'alentour n'ont pas retiré plus d'avantages de la conservation du premier que de la destruction du second et si les procédés révolutionnaires du siècle dernier n'ont pas été plus nuisibles qu'utiles à la classe laborieuse. La vente même des biens du clergé n'aurait-elle pas produit de meilleurs effets si l'on y avait procédé graduellement, conformément aux lois et sans tout bouleverser ?

CHAPITRE VII

LES BOULANGISTES DANS L'AISNE

———

Coucy-le-Château. — Confidence d'un garde alsacien. — Conversation de quatre conseillers généraux républicains. — Esprit d'à-propos des paysans français. — La ville de Laon. — Les opinions d'un coiffeur. — Le boulangisme. — M. de Mandat-Grancey. — Un type de politicien républicain. — M. Doumer et son grand rapport sur les sociétés coopératives.

La colline sur laquelle les Sires de Coucy ont planté leur château fort domine les forêts d'alentour comme une sorte de Mont-Saint-Michel, et les rues étroites formées d'antiques maisons qui se serrent le long de la forteresse rappellent l'aspect de la *Merveille* normande.

On m'avait beaucoup conseillé de m'arrêter pour la nuit, non dans la ville elle-même, bien qu'elle possède un *Hôtel des Ruines*, mais dans une sorte de petite auberge ou, pour mieux dire, de restaurant situé au pied de la colline de Coucy. Je n'ai pas eu à me repentir d'avoir suivi cet avis, car j'ai fait une charmante promenade pour me rendre jusqu'au château.

Les petites rues tortueuses de Coucy aboutissent à une sorte de terrasse que commande le château. Dans l'une de ces rues on conserve soigneusement la maison dans laquelle Gabrielle d'Estrées mit au monde le fils qui devait se faire connaître dans l'histoire de France comme César, duc de Vendôme.

On s'approche du château par une splendide avenue, mais les arbres les plus grands semblent des nains auprès de la masse colossale de la forteresse. La hauteur des murs, leur épaisseur, l'aspect grandiose de l'ensemble ne peuvent se décrire. L'on ferait une maison dans la cheminée de la grande pièce et l'on ignore la profondeur du puits qui alimentait d'eau le château.

La vue que l'on a du haut du château est splendide. Les vastes forêts que pouvait contempler Enguerrand de Coucy ont en partie fait place à des champs fertiles et à des villes d'aspect riant, mais l'ensemble du pays reste boisé.

L'enceinte était énorme, et les tours étaient assez solides, pour pouvoir résister victorieusement aux mines du cardinal de Richelieu. Les grandes lignes du gigantesque édifice se retrouvent facilement.

Le gardien qui m'accompagnait m'a soigneusement indiqué les chambres jadis occupées par saint Louis et Henri IV. Un type curieux que ce gardien, Alsacien d'origine, m'a-t-il raconté, arrivé depuis quatre mois et convaincu que les gens du pays en voulaient au gouvernement de lui avoir donné cette petite place de quatre cents francs. Il a le droit de couper tout ce qui pousse dans l'enceinte du château ; l'herbe devient très épaisse ; il était en train de la faucher, mais, disait-il, moins pour le profit à en tirer que pour rendre la course plus facile aux visiteurs.

Ceci méritait un bon pourboire, d'autant plus que ce brave gardien se plaignait fort de la pauvre qualité du vin qu'on pouvait trouver à Coucy. « Si le roi François Ier en faisait venir de l'endroit, c'est que dans le temps on ignorait ce que c'était que du bon vin. Les corneilles étaient innombrables ; elles détruisaient tout. Il avait renoncé à les tuer. Coucy pouvait me paraître charmant au mois de juin ; mais si vous l'aviez vu en février, monsieur, avec le vent qui hurlait partout, se déchaînant contre les arbres et contre les tours ! »

Comme je revenais à ma petite auberge, mon hôte vint à ma rencontre. « Quatre conseillers généraux de retour d'une réunion s'étaient arrêtés chez lui pour dîner. Monsieur aurait-il objection à se trouver dans la même salle ? Nous n'en avons qu'une vraiment bonne. »

Je me déclarai trop heureux de partager avec les nouveaux venus la table et le dîner. Et le dîner était réellement excellent. « On devient cuisinier, mais on naît rôtisseur. » Il fallait être né rôtisseur, pour avoir cuit les deux poulets et le gigot qui nous furent servis. L'un des conseillers généraux s'empressa d'aller inspecter la cuisine ; il en revint en se frottant les mains : « Bravo ! nous aurons un festin de Balthazar ! Il y a un gigot splendide. »

« Et voilà les premiers petits pois de la saison, annonça l'aubergiste. Voyez s'ils ont l'air tendres. Ils viennent tard ici, mais ils n'en sont pas plus mauvais. »

Mes quatre compagnons de table étaient républicains. L'un d'eux, banquier de campagne, se moquait un peu des projets de son parti. « Ils sont trop mous à Paris. Il faut de la poigne. Quand nous donnera-t-on un homme ? » Un autre, avoué à la barbe grise, se plaignait aussi de la douceur des autorités. « Sous l'Empire, quand je parlais dans des réunions, j'avais un gendarme derrière moi et des espions dans la salle. Voilà ce qu'il faudrait dans toutes ces réunions où l'on se moque de la République. »

Le premier conseiller ne parlait jamais que du *parti républicain*, l'autre mettait toujours la *République* en avant ; ils étaient tous pourtant d'accord sur un point : le besoin d'un homme !

« Le président va pas mal, disait le républicain à barbe grise. Il monte à l'horizon. » Les autres en étaient moins sûrs.

Ils venaient évidemment d'une conférence

agricole et, s'ils étaient tous d'accord sur la crise, ils ne s'entendaient pas sur les moyens d'y porter remède.

Après le dîner nous restâmes, pendant quelque temps, assis devant l'auberge pour prendre notre café.

Le va-et-vient était continuel ; un tas d'enfants en sabots couraient en tous sens, et les gens de l'auberge causaient très gaiement avec les passants. Je n'ai rien vu là, chez les paysans, de cette morgue si remarquable dans certaines parties de l'ouest de la France.

Les plaisanteries n'étaient pas très délicates, mais le ton était vraiment poli. « Ne passe pas trop près du boucher, » cria-t-on à un homme qui s'en allait dans sa charrette.

« Tu ne me mangerais pas quand même, cela te coûterait trop cher. » Comme je ne comprenais pas le sel de cette conversation, un vieux paysan, assis près de moi à *vider* son petit verre, voulut bien m'expliquer que l'homme interpellé venait du petit village de Barisis dont les habitants portaient de temps immémorial le surnom de « Cochons de Barisis ».

« Tâche d'attraper un mari, criait un des garçons d'écurie à une jolie fille qui traversait la place, tâche d'attraper un mari et nous ferons la noce ici. — Bah, repartit gaiement la demoiselle, il passe plus de marieurs par chez vous que par chez nous. Attrape le premier qui te tombera sous la main et garde-le pour moi. » On ne trouverait pas facilement chez les paysans anglais cette facilité à saisir la balle au bond et à la renvoyer.

Toute la région que l'on parcourt de Coucy à Laon est un jardin continuel ; et la ville, avec ses fortifications, semble veiller sur l'immense plaine qui l'entoure, comme une forteresse active et alerte. On y monte lentement, par les lacets répétés d'une belle route d'où l'on jouit d'une vue splendide, et bien que la guerre et la révolution aient beaucoup fait souffrir la cité, sa magnifique cathédrale et le palais épiscopal sont mieux conservés que bien d'autres monuments. Malheureusement les lentes réparations que l'on fait dans la cathédrale empêchent depuis trop longtemps de la contempler dans toute sa beauté.

Ici, comme à Coucy, j'ai été frappé de la bonne humeur sans prétention des habitants. Le crieur de ville se promenait à travers les vieilles rues annonçant une vente publique; les ouvriers travaillaient en plein air, comme dans une cité italienne.

Je trouve après de longues recherches la maison d'un monsieur que je désirais voir. Je sonne en vain à la porte une douzaine de fois. Un passant qui voit ma détresse vient à moi très aimablement. « Il n'y a personne aujourd'hui, me dit-il, on est à la campagne; mais si vous voulez parler au cocher, il vous dira le jour exact du retour de son maître; et je vais vous le trouver. »

Combien de temps pourrait-on frapper à une porte en Angleterre sans trouver un passant aimable qui s'intéresse à vos recherches !

La bonne humeur des habitants de Laon ne les empêche pas d'être ardents en politique. Je vais chez le coiffeur. C'est un boulangiste enragé.

« J'ai servi au Tonkin, j'ai vu ce qui s'y passait, comment les soldats mouraient, et les

pots-de-vin des fonctionnaires ! C'était infect !
Ils viennent de rappeler Richaud, parce qu'il
voulait dire la vérité. On peut oublier vite à
Paris, mais à Laon nous nous souviendrons. Monsieur verra ! Pourquoi M. Richaud
et son domestique chinois sont-ils seuls morts
sur le paquebot ? Pourquoi a-t-on jeté à l'eau
tous ses papiers ? Il nous faut Boulanger.

» Vous me demandez si je suis seul de mon
avis ! Vous verrez, monsieur ! Nous aurons
pour député le plus grand ami du général :
M. Castelain, André Castelain.

» Monsieur ne le connaît pas ! Il était avec
le général en Tunisie quand le général s'est
disputé avec Cambon. Et vous verrez quand il
sera député. »

Mon Figaro de Laon ne s'était pas trompé
dans ses prévisions, et M. Castelain a été élu
député de l'Aisne.

Un brave cordonnier, avec lequel j'eus quelques minutes de conversation, sans autant
compter sur le résultat des élections, était tout
aussi sévère dans son appréciation du gouvernement. Depuis longtemps déjà j'ai remarqué

que les cordonniers était volontiers radicaux, et mes observations faites en Amérique se sont trouvées vraies une fois de plus. Mon cordonnier de Laon se disait très opposé à la République, mais il se déclarait également hostile à la Monarchie. D'après lui, tout gouvernement devrait être aboli et remplacé par des comités d'experts. Ces experts, nommés par des syndicats professionnels, se réuniraient parfois pour régler les questions d'intérêt général. Quant à l'Exposition, il la blâmait fortement. — L'affaire n'était bonne que pour les chemins de fer. Tous les étrangers viendraient à Paris nous voler nos idées, et Paris seul ferait des affaires au détriment de la province. C'est monstrueux! Les ministres viennent de se faire voter un million pour donner des dîners, des soirées! Ce petit horloger de Tirard s'est attribué deux cent cinquante mille francs. A-t-il jamais gagné pareille somme? C'est un million pris dans la poche du peuple!

La lutte électorale sera certainement très vive à Laon; c'est ce que me confirme un de mes amis, très au courant des détails de la politique. D'après lui, les francs-maçons sont les maîtres du gouvernement dans le département de l'Aisne. A Chauny, à Laon, à Vervins, les journaux républicains sont entre leurs mains. A Vervins, c'est le frère Dupuy, député, qui dirige *le Libéral.* A Laon, c'est le frère Doumer, député, qui dirige *la Tribune.* Il a été nommé comme franc-maçon en mars 1885, après la mort de M. Ringuier, et les électeurs ont été convoqués, avec une hâte inconvenante, pour assurer l'élection de ce candidat officiel des loges maçonniques.

D'après mon ami, l'opposition l'emportera à Laon, au mois de septembre; mais il croit au succès du candidat républicain à Château-Thierry, bien que son concurrent soit M. de Mandat-Grancey, l'écrivain si distingué. M. de Mandat-Grancey possède une importante propriété; il s'est beaucoup et utilement occcupé de l'élevage des chevaux. Il a de l'initiative, des idées libérales et sa présence à la Chambre serait très utile; mais les francs-maçons sont les maîtres de son arrondissement. Le maire de Château-Thierry est un franc-maçon; franc-maçon aussi un ancien député dont l'influence est considérable, et M. de Mandat-Grancey, qui ferait un bon député, sera battu par son concurrent qui ne servira à rien.

— Ne serait-ce pas, me permis-je de dire, parce qu'il est monarchiste et qu'on aime ici la République?

— Parlez-vous sérieusement? Croyez-vous encore que les électeurs soient ici assez bêtes pour attacher grande importance au nom que porte un gouvernement? Ils jugent les gouvernements non par leur nom, mais par les hommes qu'ils emploient, et voilà pourquoi on n'a guère de goût pour le régime actuel. L'Empire est resté par ici très populaire, grâce au souvenir laissé par ses fonctionnaires. Si M. de Mandat-Grancey ne devait pas être battu par l'action combinée des francs-maçons et de tous les agents que le préfet peut mettre en campagne, ce n'est pas l'amour des populations pour la République qui lui ferait du tort, mais bien le zèle indiscret que certains curés peuvent montrer en sa faveur!

Il est naturel que le clergé désire se délivrer du joug qui pèse sur lui; mais il devrait se rappeler que nos paysans, très attachés au culte, n'aiment pas l'intervention du prêtre dans la politique. Si Constans était un homme habile, il recommanderait au ministre des cultes de laisser aux curés toute liberté pour combattre le gouvernement. Nous devrions l'emporter à Soissons, car les francs-maçons veulent y présenter un candidat absurde, mais j'ai peur que les braves curés ne nous fassent du tort. Heureusement les députés et les fonctionnaires républicains viennent à notre aide en faisant tout pour rendre la République méprisable. Prenez ici M. Doumer; il est bien plus connu que quand on l'a élu l'an dernier, et son rapport sur les Sociétés coopératives n'est pas fait pour lui attirer la sympathie des travailleurs. Il a cru leur plaire, en leur montrant qu'il s'occupait des questions sociales pendant que ses collègues allaient contempler la danse du ventre, mais il n'a réussi qu'à démontrer une seule chose : l'indifférence des républicains pour cette question si importante. On a réuni des commissions, et puis c'est tout.

Ce rapport de Doumer est vraiment curieux; il constate qu'une commission, nommée en 1883, est restée pendant cinq ans sans pouvoir aboutir et que ce n'est qu'à la veille d'élections nouvelles, qu'on a rédigé un projet pour remplacer la loi votée en 1867, sous l'Empire. D'après M. Doumer, ce n'est qu'en 1879, après avoir guéri les plaies du pays et reconquis la liberté, que les républicains ont eu le temps de s'occuper de cette question de l'organisation du travail. Deux ministres de travaux publics, M. de Freycinet et M. Sadi Carnot, *étudièrent* les mesures qu'on pourrait prendre pour accorder à des sociétés d'ouvriers les concessions de certains travaux; puis un député, M. de Lacretelle, déposa une proposition qui ne fut ni adoptée ni discutée; puis M. Floquet, le grand homme de M. Doumer, nomma, comme préfet de la Seine, un comité pour étudier encore la question; puis deux autres députés firent des propositions sans succès; puis, en mars 1883, un ministre de l'intérieur à la hauteur de sa mission nomma par décret une nouvelle commission extra-parlementaire. Cette commission se réunit, entendit un grand nombre de témoins, constata l'urgence d'une prompte solution et suspendit ensuite ses séances pendant plus d'un an. Puis, à l'approche des élections de 1885, M. Waldeck-Rousseau, ministre de l'intérieur, réveilla la commission en lui soumettant un programme des études qu'elle aurait à faire; puis vinrent les élections générales et les crises ministérielles successives qui suspendirent, pendant *plus de deux ans*, toute enquête. Enfin, en 1889, à la veille de l'Exposition universelle, la commission extra-parlementaire adopta le texte d'un décret et de deux projets de loi. Le décret permettait à plusieurs Sociétés coopératives de former des contrats pour l'exécution de travaux publics. Le premier des projets de loi qui organisait une caisse générale pour le crédit industriel, commercial et agricole, est resté dans les cartons des ministères de l'intérieur et du commerce, pendant un temps *inexplicable*. Ainsi, après dix ans de *vraie République*, on laisse encore les Sociétés coopératives sous la dépendance d'une loi votée, pendant l'Empire, en 1867. Et

Doumer seul a hâté la solution de la question en rédigeant un rapport de quinze pages et un projet de la loi contenant six titres et cent articles; Doumer, le frère Doumer, que la providence et les francs-maçons de Laon ont enfin songé à envoyer à la Chambre, en 1888.

Ce rapport devrait être envoyé dans toute la France par les soins des comités conservateurs; rien ne démontre aussi victorieusement la fatuité et l'hypocrisie de ces prétendus amis des classes ouvrières. Si le principe de la coopération est appliqué en France, c'est à l'Empire et à l'Empereur qu'on le doit, non à la République.

J'avais suivi avec trop de soin tout le morceau de mon ami sur M. Doumer et son rapport, pour être étonné d'apprendre que ce projet reste toujours à l'état de projet et que, voté par la Chambre, il avait été enterré par le Sénat.

De deux choses l'une : ou la loi votée sous l'Empire est suffisante, ou depuis dix ans les républicains se moquent audacieusement des électeurs, en prétendant s'intéresser au sort des classes laborieuses.

M. Doumer, qui est de nouveau candidat, est bien gêné pour expliquer aux électeurs ses anciens rapports avec le boulangisme et le général Boulanger. Il reconnaît dans sa circulaire « qu'il a senti une vive sympathie pour le général tant qu'il a été ministre de la guerre ». Ce qui est certain, c'est qu'au mois de mars 1888, M. Doumer, d'abord seul candidat, vit surgir dans l'Aisne la candidature du général posée pour protester contre sa révocation. Ce qui est certain également, et M. Doumer le reconnaît, c'est qu'il assista lui-même à une conférence tenue à Tergnier par les boulangistes, conférence où il fut décidé que les électeurs du général voteraient au second tour de scrutin pour lui, Doumer. Ce qui est certain encore, c'est qu'au premier tour de scrutin le général fut le premier des trois candidats en présence, et que, pour assurer la défaite du conservateur et l'élection de Doumer quinze jours plus tard, Doumer demanda très clairement l'appui des boulangistes, appui grâce auquel il fut nommé. Si je raconte tous ces incidents, c'est que M. Doumer est, à mon avis, le type parfait du politicien français sous la troisième République. Battu aux élections de septembre 1889, il obtiendra sans doute quelque préfecture ou quelque trésorerie générale, à moins que l'on n'invalide en sa faveur quelque député conservateur ou boulangiste. En attendant, ce député non réélu est confortablement installé aux frais du public dans le palais de la Chambre, où il reçoit, comme secrétaire du président, un traitement de quinze mille francs sans parler d'autres avantages.

Nous connaissons aux États-Unis ces sortes de retraites pour les invalides du gouvernement; mais tout me porte à croire que, sous la troisième République, en France, la carrière de politicien est plus facile et plus profitable qu'elle ne l'a jamais été aux États-Unis, sauf peut-être pendant le règne de M. Tweed sur les contribuables de New-York.

CHAPITRE VIII

VALENCIENNES ET LES MINES D'ANZIN

A Valenciennes. — Le coussin de Jean Party. — Histoire d'une grande Compagnie minière. — Anzin. Ses débuts. Son développement. — Les ouvriers d'Anzin. — Société coopérative. — Influence des crises politiques sur la production du charbon. — La Caisse nationale de retraites pour la vieillesse. — La grève de 1884 et Basly. — Propreté des mineurs. — Les mineurs du Nord et les mineurs du Midi. — La potasse. — Saint-Amand-les-Eaux.

Valenciennes devrait être une des villes les plus pittoresques et les plus charmantes du nord-est de la France; mais, grâce à la négligence de la municipalité, c'en est une des plus sales. Les rues sont mal pavées, les édifices publics sont malpropres, et le tout forme un contraste étrange avec la région riche et bien cultivée que l'on traverse pour venir de Douai. Il n'y a pas dans toute la France de plus beau pays au point de vue agricole; les grands champs sont soignés comme des jardins et les plantations de betteraves ont un aspect aussi régulier que les plateaux de fleurs qui couvrent les tables dans les dîners à la russe.

La population des Flandres est l'une des plus denses de toute la France. On y compte jusqu'à deux cent soixante-sept habitants par lieue carrée, mais le nombre des cabarets atteste trop le goût permanent des Flamands pour la boisson. L'on trouve dans le département du Nord un cabaret par soixante-six habitants; près de Valenciennes, la proportion est plus forte encore : elle est d'un cabaret par quarante-quatre habitants.

Malgré la paresse de sa municipalité, Valenciennes est une ville très curieuse et je m'y suis très bien trouvé à l'*hôtel du Commerce*, vaste auberge tenue à l'ancienne mode, dans une grande et spacieuse maison. Mais l'un de mes amis auquel je disais mon admiration pour la beauté de la grille et pour les vieux arbres qui font l'un des ornements de l'hôtel ne peut se décider à pardonner au propriétaire de la maison d'avoir transformé en auberge l'antique demeure de ses pères. « Les vieux citoyens de

Valenciennes ont à se reprocher, non seulement le déclin de la ville, mais ce mépris pour les restes du passé qui permet à l'un d'entre eux de faire un hôtel de la maison de ses ancêtres. »

Il est certain que Valenciennes est bien déclinée de son antique splendeur. Au XIVe siècle Jean Party, prévôt de la ville, était regardé comme l'homme le plus riche de toute l'Europe. Venu à Paris pour la foire du Landit, il fut invité à la cour. Il s'y rendit splendidement accoutré, et la beauté de son costume choqua l'orgueil des gentilshommes qui entouraient le roi. Ils traitèrent Jean Party avec beaucoup de hauteur. Comme on ne lui offrait pas de siège pour s'asseoir, il ôta son manteau couvert de fourrures et de bijoux, puis le roulant négligemment il s'assit dessus comme sur un coussin. Au moment de prendre congé, il laissa ce manteau à terre. Un des hérauts du roi, frappé de la magnificence du vêtement, le ramassa et voulut le rendre à son propriétaire. « Laissez, laissez, dit le hautain bourgeois. Ce n'est pas chez nous la coutume d'emporter son coussin quand on s'en va. » En 1549, la ville était encore florissante. On y donna un grand banquet auquel cinq cent soixante-deux personnes se virent invitées. Chaque hôte avait devant lui deux flacons d'argent, et mille sept cent pièces d'or ou d'argent formaient le service qui couvrait la table. Toutes ces pièces appartenaient à des habitants de Valenciennes, et « rien ne fut perdu », dit avec orgueil un vieux chroniqueur.

Les guerres de religion portèrent à la ville un coup fatal. Mais le nom de Valenciennes revient encore souvent dans l'histoire. Quand Dumouriez se mit en tête de devenir le Monk de la Monarchie française, c'est à Valenciennes qu'il avait fixé le centre de ses opérations; mais il avait trop de confiance et trop peu de principes, trop d'infatuation et trop d'imprévoyance, pour délivrer la France des coquins qui l'avaient asservie depuis l'effondrement de la Monarchie.

Quoi qu'il en soit, on peut passer une agréable matinée dans le musée de l'Hôtel de ville à Valenciennes.

L'édifice, qui date du commencement du xviie siècle, est mal entretenu comme les rues de la ville mais ne manque pas d'importance. Le musée est grand, bien éclairé; il serait très intéressant s'il était mieux arrangé. Valenciennes a certainement compté des peintres de mérite et depuis longtemps. C'est à Valenciennes que sont nés Watteau et Pater, mais la tradition raconte que Watteau ne fit rien pour faciliter la vocation de ce dernier qui était plus jeune que lui et bien que les deux familles fussent très liées. Le jeune Pater était parti pour Paris, convaincu qu'il serait reçu à bras ouvert dans l'atelier de son célèbre compatriote. La réception fut si froide que Pater dut reprendre bientôt le chemin de Valenciennes pour y continuer ses études. Il n'était pas au bout de ses peines. La corporation des peintres lui fit défense de pratiquer son art, s'il ne consentait à passer par l'apprentissage régulier. Il résista. Un procès s'engagea qui finit en dernier ressort devant le Parlement de Lille. Après plusieurs années, on en vint à un arrangement. Pater se vit reconnaître le droit d'aller à Paris et de peindre où il voudrait, sauf à Valenciennes, où il s'engagea à ne peindre sous aucun prétexte. Nous avons quelque peine aujourd'hui à nous représenter un tel état de choses, et pourtant maintenant encore à Paris, comme à Londres et à New-York, peut-on exercer légalement la médecine sans un diplôme, et n'en déplaise aux principes de 1789?

J'avais bien fait de consacrer ma matinée à visiter le musée de Valenciennes, car je reçus après mon déjeuner la visite de M. Guary, fils du distingué directeur des mines d'Anzin, qui insista très aimablement pour m'emmener.

Au début du siècle dernier, on ne comptait guère qu'une maison sur tout le territoire que comprend aujourd'hui la commune d'Anzin, et où s'élève maintenant une ville importante, qui forme comme une suite de Valenciennes.

Cette ville a été créée en cent vingt-cinq ans par l'action de la Compagnie des mines d'Anzin, la plus grande Compagnie minière de France dont les concessions s'étendent sur un espace de 28,000 hectares.

Il y a six ans, au moment de la grande grève qui a attiré l'attention générale, Anzin occupait 14,035 ouvriers dont 2,180 employés à la surface et 11,855 dans les travaux souterrains. En 1883, l'extraction du charbon s'est élevée à Anzin à 2,210,702 tonnes, soit un dixième de l'extraction totale en France.

Je viens de dire qu'au début du siècle dernier on ne trouvait qu'une maison sur le territoire d'Anzin : c'est qu'on ne se doutait pas alors que le charbon existât dans ces parages. L'idée en vint à un nommé Desambois : pourquoi ne trouverait-on pas dans les Flandres françaises ce qui abondait dans le Hainaut? Desambois avait plus d'énergie que de fortune. Il obtint en 1717 une concession importante et une petite subvention; mais les affaires de Law vinrent troubler ses débuts, et il dut vendre ses droits à deux gentilshommes ; le vicomte Desandrouin et M. Taffin, qui s'associèrent avec le frère du vicomte

Desandrouin et deux frères Pierre et Christophe Mathieu.

Après douze années d'efforts sans succès, leur persévérance fut récompensée. Pierre Mathieu rencontra la veine de charbon si longtemps cherchée. Le souvenir de ce jour si important pour le pays n'est rappelé que par la plaque de marbre qui, dans l'église d'Anzin, indique le tombeau de Mathieu. N'a-t-il pas mérité qu'Anzin lui élevât une statue? Mais les fondateurs d'Anzin, qui avaient obtenu l'extension de leur privilège, avaient compté sans les propriétaires du sol qui vinrent réclamer, à bon droit, leur part dans une fructueuse entreprise. Le prince de Croy et le marquis de Cernay réclamèrent; un long procès s'engagea qui finit par un compromis, et la Compagnie d'Anzin fut créée, en 1757, par les plaideurs réunis.

Comme à Saint-Gobain, le capital fut divisé en sols et deniers, et l'un des dix-neuf articles de l'acte d'association oblige les associés à prendre part aux dépenses, quelles qu'elles soient, en proportion de leur mise primitive.

La principale rue d'Anzin, à travers laquelle M. Guary m'a conduit jusqu'au bureau de la Compagnie, est propre et bien pavée ; beaucoup d'arbres et des maisons bien entretenues ; maisons rouges, vertes, bleues, d'un type plus solide que pittoresque. On trouve à Anzin beaucoup de petits rentiers, me dit M. Guary. On y trouve aussi des cabarets sans nombre. D'après M. Baudrillart, l'intempérance est le défaut caractéristique des Flandres françaises. A dire vrai, il m'a semblé que dans ces cabarets, qui étaient très propres, on buvait plus de bière que d'eau-de-vie.

En arrivant à la Direction, j'ai trouvé M. de Forcade. M. de Forcade est le neveu du célèbre ministre auquel Napoléon III adressa, lors de sa retraite, une remarquable lettre dans laquelle il exaltait son habileté, son intégrité, son patriotisme. M. de Forcade venait de recevoir une dépêche de M. Guary, le père, annonçant son retour de Paris et me priant de prolonger ma visite. J'ai été charmé de pouvoir le faire.

M. Guary habite une belle maison moderne

qui s'élève dans un parc charmant, planté de beaux arbres bien venus. On arrive à la maison par les rues peuplées et poussiéreuses d'Anzin, mais des fenêtres, la vue s'étend sur la campagne la plus paisible.

Une partie des ouvriers de la Compagnie préfèrent vivre dans l'intérieur de la ville; mais la Compagnie a pour principe de faciliter leur établissement à la campagne, et dans ma course à travers son vaste domaine, j'ai trouvé les familles de travailleurs bien installées dans des cottages confortables qu'entourent de petits jardins. On avait commencé par bâtir des *cités ouvrières*, mais l'expérience a bientôt prouvé que, pour la santé comme pour la morale, cette vie en commun avait de graves inconvénients. Le loyer de ces maisons, qui s'élèvent chacune au milieu d'un petit champ, varie entre 3 fr. 50 c. et 6 francs par mois. Pour 42 francs par an, un ouvrier gagnant un salaire de mille francs peut s'assurer une demeure bien bâtie, contenant deux chambres à chacun de ses trois étages. Que l'on compare cette somme avec celle que doivent payer tant d'ouvriers anglais ou américains pour des logements insalubres.

Mais ce n'est pas tout. La Compagnie se charge de toutes les réparations. Elle met à la disposition de ses ouvriers, pour une somme infime, des terrains où ils peuvent cultiver des fleurs ou des légumes, et 2,500 familles profitent de cet avantage. Chaque ouvrier a droit, par mois, pour son usage personnel, à sept hectolitres de charbon. S'il tombe malade ou s'il a plus de six enfants, le chiffre est plus élevé. En 1888, la Compagnie a distribué ainsi 598,000 quintaux, représentant une somme de 359,000 francs.

Les statuts adoptés à Anzin, en 1757, contiennent une clause très curieuse, d'après laquelle, en cas de besoin, les *régisseurs* de la Société doivent consulter non seulement les employés mais les *ouvriers*. Et l'on nous dit, tous les jours, qu'avant 1789 le *travail* n'était pas reconnu en France comme une force sociale.

En fait, à Anzin, les ouvriers ont une participation réelle dans les bénéfices sans courir le risque de participer aux pertes.

Cette participation dans les bénéfices ressort, non seulement de tous les avantages que je viens d'énumérer, mais de l'augmentation des pensions, des caisses d'épargne et de bien d'autres faits. Prenons un exemple. La Compagnie avance aux ouvriers, sans en recevoir d'intérêts, les sommes nécessaires pour l'achat ou la construction de leurs maisons. En 1888, ces avances s'élevaient à un total de 1,345,463 francs, sur lesquels plus de 101,000 francs restaient encore à payer et à l'aide desquels les ouvriers avaient acheté ou construit 741 maisons.

Les dépenses de la Compagnie pour l'instruction rentrent dans le même ordre d'idées. Anzin dépensait annuellement 80,000 francs pour l'entretien de ses écoles ; les lourdes charges provenant de la construction des palais scolaires ont obligé à réduire cette somme, mais les sacrifices sont toujours très considérables non seulement pour faciliter aux enfants la fréquentation des écoles publiques, mais pour garder des écoles de sœurs. J'ai visité à Saint-Waast une de ces écoles qui était un modèle. Les enfants rangés par groupes étaient l'image vivante de la bonne humeur et de la santé, et Fra Angelico aurait pu copier, dans l'une de ses fresques, les deux sœurs conduisant un chœur et ces enfants de six à huit ans aussi joyeux d'apprendre à chanter que les bonnes sœurs de leur donner l'exemple.

A Thiers, la Compagnie fait bâtir pour les filles une grande école près de l'église. J'y ai visité avec M. Guary l'école de garçons, bien installée dans un grand bâtiment avec cour de jeux et gymnastique. L'instituteur laïque qui habite l'école avec sa femme est un homme tranquille et intelligent. Il est très fier des fusils de bois que la Compagnie a donnés pour le bataillon scolaire; il dit sa troupe très bien exercée et aurait bien voulu la conduire à Paris. Mais le voyage de dix de ses élèves aurait coûté 400 francs qui peuvent être dépensés plus utilement à Thiers. « Et puis, ajoute-t-il en souriant, pensez à la vie que j'aurais menée à Paris avec ces dix gamins à mes trousses! » Les ouvriers d'Anzin trouvent aussi de très réels avantages pratiques dans l'organisation des Sociétés coopératives, créées à Anzin avant le vote de la loi de 1867, comme avant l'association analogue de Saint-Gobain.

M. Casimir-Périer, fils du ministre de Louis-Philippe et père du député actuel, était alors régisseur d'Anzin. Il avait pu se convaincre que l'idée de la coopération était d'origine anglaise; il avait étudié avec le plus grand soin les résultats qu'elle avait donnés en Angleterre et, justement désireux de faire profiter Anzin de son expérience, il avait accepté la présidence honoraire de la Société fondée, le 21 février 1865, et régulièrement constituée, le 8 décembre 1867. On eut bien de la peine à faire comprendre aux autorités administratives que c'était là une association coopérative et non une spéculation financière; et pendant quelque temps la Société coopérative d'Anzin dut payer patente comme un marchand. Créée, pour vingt ans, en 1867, l'association s'est prolongée, pour vingt autres années, en 1887.

Les membres de l'association seuls ont le droit de faire des achats dans les magasins de la Société coopérative. Ils touchent une part des bénéfices que la Société retire de ses opérations. Ces bénéfices sont divisés en cent parts. Dix parts sont consacrées au paiement des employés de l'association et des dépenses administratives. Les quatre-vingt-dix parts restantes sont attribuées aux membres de l'association, le fonds de réserve auquel on avait primitivement réservé vingt parts étant aujourd'hui très suffisamment constitué.

L'association qui comptait en commençant 51 membres renferme maintenant 3,118 familles. Le capital fixé d'abord à 30,000 francs, sur lesquels au début 2,150 francs seulement avaient été versés, s'élève à présent à 250,000 francs. M. Léon Lemaire, gérant de la Société coopérative qui a pour raison sociale « Lemaire et Cie », n'a le droit de se servir de cette signature que pour les affaires de la Société. Le gérant, nommé pour trois ans, est toujours rééligible et reçoit un traitement qui est fixé par le comité directeur de l'association.

Les employés de la Société sont pris autant que possible parmi les familles de ses membres. Les statuts sont rédigés avec une précision, une clarté vraiment remarquables, et les résultats obtenus prouvent l'esprit pratique qui a présidé à toute cette organisation.

De février 1886 à février 1889, le total des ventes faites aux membres de l'association s'est monté à près de 39 millions et le total des dividendes payés aux associés a dépassé 4,500,000 francs. Ce dividende, qui était en 1866 de 8 0/0, a atteint 14 0/0 en 1884. En 1887, il a été de 12 1/4 0/0. L'an passé, la dépense moyenne des associés a été de 738 fr. 28 c. et leur part de bénéfice a été de 99 fr. 45 c. En d'autres termes, chaque détenteur d'une des parts de fondateur à 50 francs a pu payer en un an sa mise primitive et a empoché en plus 49 francs.

Qu'on ne m'accuse pas de citer trop de chiffres, car ces chiffres prouvent qu'avant tous les comités et tous les rapports des républicains, on savait tirer parti de l'idée d'association. Et les chiffres que je vais reproduire encore prouveront, je crois, d'une manière indéniable que si les ouvriers d'Anzin sont bien logés, ils peuvent se passer des fantaisies assez coûteuses pour leur nourriture et leur habillement.

Les magasins de la Société coopérative, les *stores* comme on les appelle à Anzin, où on leur a conservé leur nom anglais, fournissent annuellement 110,000 kilos de beurre de bonne qualité, 50,000 kilos de café, 13,000 fromages de Marolles, 200,000 kilos de pommes de terre, 11,000 kilos de riz, 6,000 kilos de prunes d'ente, 6,000 boîtes de sardines, 90,000 kilos de sucre, 30,000 kilos de jambons et charcuterie, 10,000 pots de moutarde excellente. Voici pour la nourriture. Passons au costume. Je trouve une fourniture annuelle de 44,000 paires de sabots, 10,000 paires de souliers, 2,200 paires de bas, 3,700 chemises et 6,000 mètres d'étoffes pour en faire, 6,000 mouchoirs, 7,000 mètres de mousseline, 14,000 mètres d'indienne, 17,000 mètres de lustrine, 24,000 mètres de calicot et 3,100 *yards* de velours. Et il s'agit là, qu'on veuille bien se le rappeler, de l'entretien et non de l'établissement de garde-robes. Quant aux ombrelles, les magasins de l'association en vendent annuellement 1,300, et bien que les hommes, habillés par des tailleurs de village, fassent moins d'achats que les femmes, je trouve pourtant une fourniture de 4,000 cravates.

Après avoir parlé de ce que la Compagnie des mines d'Anzin fait pour ses ouvriers et des facilités qu'elle leur procure, je voudrais donner une idée de sa force industrielle et commerciale.

Les statuts adoptés en 1757 sont ceux qui régissent encore la Compagnie. Depuis plus d'un siècle un quart et à travers dix révolutions, Anzin n'a pas changé son organisation, mais la production annuelle de charbon qui était de 40,000 tonnes environ en 1744 a atteint en 1888 près de 2,600,000 tonnes. Rien n'est plus frappant que la marche graduelle de la Compagnie, avec les arrêts et les reculs accusés par les crises politiques. En 1790, avec les derniers jours de la vieille monarchie, la production s'était élevée à 310,000 tonnes; en 1794, sous la République, elle tombe à 65,000 tonnes et ce n'est qu'en 1818 que l'on dépasse le chiffre obtenu en 1790. En 1830, la production est de 508,000 tonnes; la révolution de Juillet amène une baisse légère; en 1847, on atteint 774,000 tonnes et la stupide révolution de 1848 cause une baisse telle qu'en 1849 on ne dépasse pas 615,000 tonnes.

Ces variations ne sont pas dues certainement aux seules causes politiques ; mais quand on se rappelle le lien qui existe entre le charbon et toutes les grandes industries, il est certain que toutes les fois que les républicains ont pris le dessus, un arrêt semble s'être produit dans le développement de la fortune publique en France.

Car Anzin est pour la France la capitale du charbon comme le Creuzot est la capitale du fer, et toute baisse importante dans la production d'Anzin peut être regardée comme une preuve de malaise dans l'état industriel et politique de la France. Mais ces variations n'ont pas eu à Anzin les résultats qu'elles ont en tant d'autres pays; le salaire des ouvriers n'a pas oscillé avec les crises ; il s'est accru dans des proportions normales.

Et les dépenses de toute espèce de la Compagnie en faveur de ses ouvriers représentent des sommes dont l'importance sera prouvée par quelques chiffres. En 1883, la Compagnie a employé 1,224,000 francs en secours, pensions, soins médicaux, remèdes, allocations de toute nature, et ces 1,200,000 francs n'ont pas été pris aux dépens de la paye, ils ont été ajoutés à la paye. Pendant la même année, les bénéfices de la Compagnie, d'après une enquête du ministère des travaux publics, se sont élevés à 1,200,000 francs. Ainsi donc, à Anzin, en 1883, la somme dépensée en faveur des ouvriers a été égale aux bénéfices faits par la Compagnie. Il y a eu partage par moitié entre le capital et le travail.

Pourquoi le capital et le travail en viendraient-ils à une collision ?

Cette collision a éclaté pourtant à Anzin, en février 1884, à propos de la question du *marchandage*. Le *marchandage* est un contrat d'après lequel la Compagnie paye aux ouvriers un prix déterminé pour du charbon livrable pendant plusieurs mois.

Grâce à ce système, un bon ouvrier peut gagner de 20 à 25 0/0 plus que ses camarades. Mais le syndicat des mineurs, jaloux de toute espèce de supériorité, a toujours eu la prétention d'imposer l'*égalité* des salaires au profit des paresseux et au détriment des travailleurs. Sous la direction d'un ouvrier nommé Basly, qui depuis est devenu député de Paris, grâce à ses rapports avec les politiciens de la capitale, les mineurs syndiqués entreprirent d'agir par l'intimidation et la violence sur ceux de leurs camarades qui avaient accepté le *marchandage*. L'on ne se contenta pas de traiter de traîtres et de lâches les ouvriers qui résistaient à la pression du syndicat, ni même, comme en 1883, de ravager les fleurs et les légumes de leurs jardins, la dynamite entra en campagne; on chercha à faire sauter les portes et les fenêtres de ceux qui s'obstinaient au travail; des orateurs révolutionnaires, venus de Paris, ne réussirent que trop bien dans leurs efforts pour exciter la foule oisive qui, vu la grève, remplissait les cabarets, et la situation des ouvriers assez hardis pour refuser de céder à de telles intimidations devint vraiment dangereuse.

La question du *marchandage* n'était pas la

seule soulevée par le syndicat des mineurs et **M. Basly.** La Compagnie d'Anzin, dont je n'ai pas besoin de rappeler les sacrifices pécuniaires en faveur de ses ouvriers, les avait invités à contribuer eux-mêmes à l'augmentation de leur fonds de retraites par une retenue de 3 0/0 sur les salaires, **tous les frais d'administration restant à la charge de la Compagnie.** Ceci ne faisait pas l'affaire du syndicat qui voulait bien admettre le principe d'une retenue, mais à condition que tous les fonds fussent versés dans sa propre caisse. Une lettre, signée de **M.** Basly, mit les mineurs en garde « contre le piège tendu à leurs libertés... Ce serait votre arrêt de mort et celui de vos enfants... Nos ennemis savent bien que nous aurons bientôt une Caisse nationale de retraites qui nous permettra de travailler quand bon nous semblera ».

La grève d'Anzin, en 1884, finit comme il fallait s'y attendre. C'est en vain que M. Allain-Targé, dans la commission d'enquête parlementaire, demande à la Compagnie d'Anzin de prendre pour arbitre de ses démêlés avec les grévistes le syndicat et M. Basly, qui avaient eux-mêmes fait naître la grève. Une partie des ouvriers les plus compromis durent quitter le service de la Compagnie; les autres et la majorité surent échapper à l'oppression du syndicat et de M. Basly.

Et, sans doute, la conduite de la Compagnie fut de nature à frapper les ouvriers, car la tentative faite dernièrement pour recommencer la grève a complètement échoué et Anzin a échappé à la contagion qui a atteint le Pas-de-Calais.

Après comme avant la grève de 1884, le Conseil de régie d'Anzin s'est préoccupé de faciliter la vie de ses ouvriers. Son règlement de décembre 1886 sur les pensions de retraite en est une preuve nouvelle.

Ce règlement s'applique aux mineurs qui font des versements à la Caisse nationale de retraites pour la vieillesse. Cette Caisse créée en principe en 1850, sous la présidence de Louis-Napoléon, a été réorganisée par une loi de juillet 1886 et un décret de décembre de la même année. Placée sous la garantie de l'État, elle a pour but de permettre aux ouvriers et aux gens sans fortune de s'assurer une rente viagère qui peut s'élever jusqu'à 1,200 francs et qui est payable à partir de cinquante ans ou après cinquante ans. Les plus petites sommes sont reçues par la Caisse comme prélèvement sur les salaires. Si avant l'âge fixé pour son entrée en jouissance, le dépositaire devient incapable de continuer son travail, pour cause de maladie ou d'accident, il est mis en possession d'une annuité proportionnelle à ses versements déjà effectués et à son âge.

Chaque année la Chambre vote une certaine somme comme subvention à cette Caisse de retraites. C'est là assurément une sorte de socialisme d'État. Mais de tels secours ne sont-ils pas, pour le moins, aussi respectables que l'annuité de 6,500,000 francs, inscrite au budget de 1889 pour secours aux victimes du coup d'État de 1851?

D'après les conditions adoptées par la Caisse de retraites pour la vieillesse, tout individu qui, à partir de trente ans, aura versé une somme annuelle de 10 francs, aura, à cinquante ans, un revenu de 28 fr. 62 c.; à cinquante-cinq ans, un revenu de 47 fr. 89 c.; à 65 ans, un revenu de 145 fr. 97 c.

Le règlement adopté par la régie d'Anzin a pour but de doubler le revenu ainsi obtenu. Tout ouvrier versant à la Caisse nationale de retraites un prélèvement de 1 1/2 0/0 sur ses gages, peut compter que la Compagnie fera pour lui un versement analogue. Prenons un mineur gagnant par an 1,500 francs et versant annuellement 22 fr. 50 c. à la Caisse de retraites à partir de vingt et un ans : il aura, grâce au versement annuel de 22 fr. 50 c. que la Compagnie fait aussi en sa faveur, un revenu de près de 250 francs à partir de cinquante ans. Les ouvriers du fond ont droit à cet avantage, dès leur entrée au service d'Anzin ; les ouvriers de la surface doivent avoir dix-huit ans, et avoir fait au service de la Compagnie trois années de travail sans interruption.

En plus, la Compagnie accorde aux hommes l'ayant longtemps servie et ayant suivi son règlement par le versement de leurs cotisations annuelles, des pensions supplémentaires basées sur le taux de 3 francs par quinze années de service pour les ouvriers du fond, et de 1 fr. 50 c. par quinze années de service pour les mineurs, et ces pensions sont doublées pour les hommes mariés. Elles peuvent donner aux mineurs un supplément annuel de 90 francs, aux ouvriers de la surface un supplément annuel de 45 francs.

Tout bien considéré, je crois que les mineurs d'Anzin ont eu raison de ne pas céder cette année aux provocations à la grève. C'était le meilleur service à rendre aux grévistes eux-mêmes; car rien n'est plus de nature à faire réussir les justes revendications des travailleurs que la prospérité obtenue à Anzin par les bonnes relations entre le Capital et le Travail.

Et les meneurs politiques qui, comme MM. Basly et Camélinat, ont excité par leurs discours incendiaires les ouvriers de Decazeville à se mettre en grève en janvier 1888, ont agi contre l'intérêt des ouvriers. Après avoir assassiné M. Watrin, après avoir répandu pendant trois mois la terreur dans toute la région, les ouvriers de Decazeville n'ont abouti qu'à rendre leur situation difficile. Ils ont perdu 630,000 francs de salaires par la suspension du travail, et l'augmentation qu'ils ont obtenue dans leur paye ne représente que 1 1/2 0/0 des sommes ainsi sacrifiées. Ce ne sont pas les 10,000 francs de secours que le Conseil municipal de Paris a votés sur les fonds des contribuables et les 70,000 francs de souscriptions recueillies par la presse radicale qui ont pu combler ce déficit.

J'ai pu, avant de quitter Anzin, aller visiter un puits récemment ouvert, le puits Lagrange. M. Guary fils a bien voulu m'y conduire et nous avons fait, en voiture, une très agréable promenade à travers une région boisée. Il y a pas mal de gibier dans ces bois qui sont vraiment très beaux et qui appartiennent à l'État. La chasse en est louée à un ancien directeur d'Anzin. Beaucoup de propriétaires vivent de leurs rentes dans toute cette région, et la route de Valenciennes à la frontière belge est une grande rue bordée de maisons et de jardins, comme la voie ferrée de New-York à Philadelphie.

M. Guary me montre de jolies maisons d'ouvriers, qui ressemblent beaucoup à celles construites à Philadelphie, grâce à l'initiative généreuse de M. Drexel et de M. Childs; mais ces deux philanthropes seraient sans doute bien étonnés en apprenant qu'une maison de briques contenant 4 bonnes chambres avec cave et jardin peut être louée par un propriétaire à un ouvrier, pour 120 francs par an. Un bon travailleur à Anzin gagne facilement 1,350 francs dans son année; il peut donc ne mettre à son loyer que le onzième de son revenu. Une si faible proportion stupéfierait les respectables marchands de New-York. Ajoutez que l'ouvrier d'Anzin est chauffé et soigné gratis et qu'il ne paye rien pour l'instruction de ses enfants. Nous nous sommes arrêtés devant l'une de ces maisons à la porte de laquelle se tenait solidement campé, et la pipe à la bouche, un robuste mineur d'une quarantaine d'années que M. Guary connaissait bien. Il semblait regarder, avec complaisance, ses bras fortement musclés et il s'est mis à rire, non sans dédain, quand je lui ai dit qu'à Paris un ami des ouvriers proposait de fixer à quarante ans le début des pensions de retraites pour les ouvriers : « Vous me dites que c'est un ami ! Très bien ! Mais ce n'est certes pas un mineur ! »

Les mineurs du Nord portent un costume à la fois pratique et pittoresque qui ressemble à la fois à celui du marin et à celui du pompier ; comme le marin et le pompier, le mineur a une vie à part, exposée au danger ; il y acquiert l'habitude de compter sur ses propres forces et de les régler. L'homme, avec lequel nous causions, allait se reposer de sa journée de travail en cultivant dans son jardin ses légumes qui venaient fort bien. Il avait des manières pleines de dignité et de simplicité, calme et viril, sans sournoiserie comme sans forfanterie.

J'ai pu remarquer, en causant avec plusieurs de ses camarades, que les mineurs en général avaient un certain mépris pour les autres ouvriers; et M. Guary m'a affirmé que je ne m'étais pas trompé surtout pour les mineurs de la vieille espèce.

Peut-être est-ce à ce sentiment qu'il faut attribuer la force des conservateurs dans cette région. Valenciennes forme trois circonscriptions électorales et Anzin fait partie des trois. Dans une de ces circonscriptions, la lutte a été chaude entre le boulangiste et le républicain, qui a fini par être élu. Les deux autres ont nommé un impérialiste, M. Renard, qui a eu mille voix de majorité, et un royaliste important, M. Thellier de Poncheville, qui l'a emporté de quatorze cents voix sur son adversaire. M. Thellier de Poncheville et M. Renard faisaient tous deux partie de la Commission des mines dont M. Piou était rapporteur; ils ont tous deux été combattus avec passion par le gouvernement, en septembre 1889; mais les mineurs semblent avoir la sagesse de comprendre la différence qui existe entre le bon sens et le non-sens, pour ce qui touche à la question minière.

Le mineur que nous visitions, après quelques

minutes de conversation, nous engagea très poliment à entrer chez lui. Sa maison était très propre et bien meublée. La femme, qui semblait plus âgée mais qui probablement était plus jeune que son mari, nous fit voir les améliorations qu'elle avait obtenues. Elle avait eu l'idée de transporter sur le jardin sa cuisine qui donnait d'abord sur la route. Excellent changement d'après elle, et qui lui permettait de laisser toujours ouverte la porte de la cuisine, sans crainte des maraudeurs. « C'est la femme, vous savez, qui doit penser à ces choses. » Le mari se garda bien de contredire, mais il nous fit remarquer l'aménagement commode de sa cave qu'il avait inventé. « Elle ne contient pas beaucoup de vin, ajouta-t-il, mais pour ce que j'en bois ! »

Notre mineur était employé au nouveau puits Lagrange, et bien que j'aie été très frappé de sa propreté, j'ai été encore plus surpris en constatant combien ses camarades que nous avons trouvés travaillant encore autour du puits, répondaient peu au portrait que l'on fait en général des mineurs ; ils n'avaient pas cette teinte noirâtre sous laquelle on les représente d'habitude, et M. Guary m'a expliqué comment on obtenait ce résultat.

Auprès de chaque puits se trouve un grand hangar, où les hommes se rendent en allant à la mine et en en sortant. Chaque homme a une case fermée à clef, portant son numéro, où il enferme son *vêtement de la surface*, quand il endosse son costume de mineur. A chaque hangar est attaché un *lavatory* à l'usage des hommes. Le hangar est bien chauffé en hiver et bien aéré en été. Les mineurs, réunis autour du puits, contemplaient avec admiration la qualité du charbon qu'on en retirait; il s'agit d'une veine nouvelle qui a répondu, paraît-il, à toutes les espérances.

Un des mineurs, dont je m'approche, me raconte qu'il a été à l'Exposition; ce qui l'a le plus intéressé, c'est tout ce qui se rapporte à Anzin même. Il parle, sans grand respect, de la Tour Eiffel et semble convaincu que les ouvriers d'Anzin sont bien mieux traités que ceux de Paris. — Je ne le contredis pas. — Il n'a pas vu le président de la République, ce qui ne semble pas le troubler beaucoup, mais il déclare que la bière de l'Exposition était très chère et très mauvaise ; la galerie des machines l'a beaucoup frappé, mais « chacun peut bien voir qu'il est impossible de faire de meilleures machines que celles que l'on fait à Anzin ».

Il me raconte que les jeunes mineurs revenant du service militaire, cherchent parfois à prendre un autre métier, « mais ils sont bien forcés de revenir à la mine ; on ne peut pas plus y renoncer qu'on ne peut devenir un bon mineur, si on n'a pas été élevé pour ça ».

En quittant le puits Lagrange, nous nous rendons, à travers des bois et des champs très agréables, jusqu'à Thiers où la Compagnie d'Anzin a construit beaucoup de maisons d'ouvriers, une église très importante et deux écoles.

A Thiers, nous allons voir une vieille petite femme, vivante et animée, que Denner aurait eu plaisir à peindre ; elle insiste pour nous montrer sa maison qui est vraiment admirablement tenue. C'est une bonapartiste passionnée; elle a plusieurs portraits de l'Empereur et des gravures représentant Solférino et Sedan: « C'est là qu'on l'a trahi ! » s'écrie-t-elle avec une indignation touchante, et je n'ai pas le cœur de lui demander qui étaient les traîtres.

A Thiers aussi, je cause avec un employé de la Compagnie qui a été longtemps au service d'une des grandes Compagnies minières du Midi ; d'après lui, le caractère et les habitudes des populations minières sont très différents ; il regarde, dans l'ensemble, les mineurs du Nord comme très supérieurs à leurs camarades du Midi ; il les dit plus propres, plus calmes, plus sensés, moins crédules, moins absorbés par la politique ; les femmes se conduisent mieux, sont meilleures ménagères ; elles ont plus d'influence sur leurs maris : « J'ai souvent remarqué dans le Midi et dans l'Auvergne que ce sont les plus mauvaises femmes qui mènent le mieux leurs maris; » d'après lui, les différences de caractères tiennent en grande partie à l'altitude : « En Auvergne et en Savoie, plus on monte, et plus les gens sont querelleurs ; ici, en Flandre, les

gens sont tranquilles comme leurs plaines. »
Il me fait aussi remarquer le type qui domine parmi les mineurs d'Anzin ; ils ont des cheveux d'un blond tout particulier et qui se rapproche bien plus des teintes chères au Titien que du roux. Je lui demande si ce n'est pas un vieux reste du sang scandinave : « Pas du tout, me répond mon philosophe, ça tient à la potasse ; nos mineurs ont tellement la passion de se laver et se servent de tant de savon que leurs cheveux en ont pris une couleur spéciale. » Sur quoi, un ingénieur qui connaît aussi l'Auvergne, s'écrie : « Tant que vous voudrez, mais j'ai vu des mineurs auvergnats, avec la même teinte de cheveux, et vous savez s'ils se lavent la figure tous les huit jours, au plus. »

Ce dernier interlocuteur semblait plein de finesse : c'était un conservateur passionné ; on lui avait demandé de se laisser nommer maire dans sa commune, mais il avait refusé : « Comment voulez-vous que je garde quelque autorité sur mes hommes si je leur demande de voter pour moi ? »

Tout ce qu'on me dit sur la moralité du peuple me rappelle tout à fait ce que j'ai entendu raconter sur certaines parties de la Pensylvanie colonisées par les Allemands, au siècle dernier.

On boit beaucoup ; les *buvettes* sont interdites dans l'enceinte des cités ouvrières ; mais dans les communes, elles sont si nombreuses que l'on en compte vingt pour mille deux cents habitants. La bière est très bon marché ; le vin et les alcools très chers. Les gens sont très sociables, et l'indulgence est grande pour la conduite des jeunes filles.

M. Baudrillart qui a certainement de la sympathie pour les populations du Nord, dit avec beaucoup de raison — l'histoire prouve que la chair est faible dans les Flandres — que les filles-mères sont nombreuses ; ce sont de simples incidents qu'excusent la jeunesse et l'inexpérience et que le mariage fait oublier.

Les attentats contre les personnes et contre la propriété sont moins nombreux que dans l'ensemble de la France et malgré le nombre de villes manufacturières. On ne compte dans le Nord que 8 1/3 accusés pour 100,000 habitants. La proportion de la France entière est de 12 accusés par 100,000 habitants; elle s'élève à 28 dans la Seine et à 30 dans l'Eure.

Sans être particulièrement dévots, les gens de cette région tiennent aux pratiques religieuses et blâment sévèrement la persécution du clergé et la laïcisation des écoles. A Thiers l'église, qui est grande, est toujours décorée avec soin pour les fêtes.

Une partie des propriétés de la Compagnie d'Anzin est située sur la commune de Saint-Amand-les-Eaux qui est reliée à Anzin et à Valenciennes par un tramway à vapeur; mais Saint-Amand qui a une population de 10 à 12,000 âmes est une ville indépendante ayant ses industries et son caractère. C'est à Saint-Amand que le général Dumouriez s'était établi en janvier 1793, sous prétexte de prendre les eaux, mais en réalité pour préparer cette marche sur Paris qui aurait pu sauver la France et qui n'aboutit point, par sa propre faute.

Je me suis rendu à Saint-Amand avec

M. Guary, par un beau matin d'été, pour voir les restes du magnifique couvent des Bénédictins qui était jadis l'une des gloires de la ville ; il y a quelques années encore, ces ruines étaient beaucoup plus considérables qu'aujourd'hui. Mais j'ai bien peur qu'avant peu il n'en reste que le souvenir. Les braves gens de Saint-Amand ont si peu le respect des monuments historiques, qu'ils ont laissé construire, à l'ombre même du ravissant beffroi qui subsiste encore, l'une des plus laides et plus vulgaires écoles qu'on puisse imaginer.

Comme toutes les abbayes de Bénédictins, Saint-Amand était une maison de lettrés ; les restes de sa belle bibliothèque se trouvent à Valenciennes. Mais que sont devenus les trésors de toutes sortes que les abbés avaient rassemblés ; ce qui a échappé à la destruction a été vendu et dispersé ; quelques vieux livres, non sans valeur, se trouvent encore dans le bâtiment que la municipalité de Saint-Amand a transformé en hôtel de ville, et dans la salle du conseil municipal on peut voir quatre curieux dessus de portes qu'avait peints Watteau; l'un d'entre eux : la *Femme adultère*, est admirable de couleur. La vieille et belle église de Saint-Amand a été moins défigurée que l'abbaye. Malgré le radicalisme de l'endroit, nous l'avons trouvée remplie d'une foule attentive; les hommes étaient très nombreux et je crois même en majorité.

J'ai été quelque peu surpris, en sortant de la messe pour rentrer à Anzin, de tomber sur un grand cabaret portant en lettres éclatantes cette étrange inscription : *Au Nouveau Bethléem. — Estaminet Barbès.* Était-ce le conventicule d'une nouvelle secte religieuse formée par les fidèles de ce vieux révolutionnaire? Je l'ignore. Il se peut bien, à vrai dire, qu'il n'y eût là qu'un souvenir du Nouveau Testament invoqué par un cabaretier hardi; on ne s'en serait pas choqué au moyen âge; l'une des meilleures auberges de Châlons-sur-Marne ne porte-t-elle pas encore le nom étrange de : *la Haute Mère de Dieu?*

Je ne veux pas terminer ces notes sur Anzin sans rappeler l'observation qui m'a été faite à Thiers par une bonne vieille dont j'admirais la maison : « Ah! monsieur! vous pouvez juger du caractère d'une femme d'après l'aspect de son logis, et le caractère de la femme fait la conduite du mari. » Je souhaite pour la France que cette observation soit vraie, car ici comme en bien d'autres endroits, j'ai remarqué, non sans étonnement, qu'on ne donnait pas la même éducation religieuse aux garçons et aux filles; on ne se fait aucun scrupule d'envoyer les garçons à l'école laïque, et l'on ne veut confier qu'aux sœurs l'éducation des filles.

CHAPITRE IX

LILLE

La France flamande. — Développement de l'instruction. — Sacrifices des catholiques du Nord. — L'intempérance et l'ivrognerie. — Le fonds Masurel.

La Flandre française est devenue politiquement française depuis plus de deux siècles grâce à Louis XIV, mais elle reste flamande. Même à Lille et à Roubaix, la langue flamande se maintient avec une étonnante vivacité, ce qui n'empêche pas les Flamands d'être de très bons Français.

La ville de Lille, ancienne capitale des Flandres et aujourd'hui chef-lieu du département du Nord, n'a guère conservé de grands monuments historiques. Les sept sièges qu'elle a soutenus et les millions qui y ont été dépensés depuis trente ans ont permis de la transformer : en se promenant dans ses rues, on croirait traverser un des jolis quartiers du Paris moderne ; les vieilles murailles renommées ont disparu de la surface de la terre et beaucoup des caves hideuses, dans lesquelles vivaient comme des troglodytes plusieurs milliers d'ouvriers, n'existent plus heureusement. Mais si les vieux monuments ont été détruits, les coutumes et les traditions locales sont bien tenaces ; j'ai vu, dans le cabinet du directeur d'un important journal, une vingtaine de volumes qui ne sont que la réimpression des articles consacrés journellement dans sa feuille à l'archéologie et aux antiquités de la vieille capitale flamande. J'ai passé ma première matinée à Lille dans le musée de l'Hôtel de ville. Ai-je besoin de dire les trésors que renferme la collection de dessins formée, pendant un long séjour à Rome, par le chevalier Jean-Baptiste Wicar ? Mais qui dira où Wicar a pu trouver cet incomparable buste de cire qui charme encore tous ceux qui le voient par sa grâce mystique et son étrange beauté. M. Carolus Duran pourrait peut-être nous renseigner sur ce point, car il est un des premiers artistes ayant bénéficié de la fondation du chevalier Wicar, pour permettre un séjour de quatre ans à Rome à de « jeunes Lillois dévoués aux Beaux-Arts ». Le chevalier Wicar était un bon catholique ; il avait appelé sa fondation « la pieuse fondation de Wicar ». Une telle audace ne suffirait-elle pas aujourd'hui pour rendre une donation caduque ?

En revenant du musée, j'ai trouvé, m'attendant à mon hôtel, M. Grimbert, de Douai, qui s'est offert très obligeamment pour me montrer tout ce qu'ont fait à Lille les amis de la religion et de la liberté.

Depuis longtemps déjà, le département du Nord tient en France une place remarquable par le nombre et par la qualité de ses établissements d'instruction. Sur les 663 communes qui le composent, on n'en trouvait en 1881 que trois sans écoles, et dans le seul arrondissement de Lille, qui contient plus du tiers de la population, il y a 340 écoles publiques et 116 établissements libres.

J'ai passé avec M. Grimbert une très intéressante matinée à visiter les bâtiments et les collections de la grande Université catholique, fondée à Lille, pour lutter contre M. Ferry, sur le terrain de l'instruction supérieure. Cette Université catholique a été créée et est soutenue par la libéralité des catholiques du Nord et par les droits que paient les étudiants qui suivent les cours.

Elle a pour recteur un prélat romain, Mgr Baunard. Le conseil d'administration comprend l'archevêque de Cambrai, l'évêque d'Arras, l'évêque de Lidda, le chancelier de l'Université et le recteur. Les bâtiments de l'Université occupent deux côtés d'un immense carré dans l'un des plus beaux quartiers de Lille; ils feraient honneur à n'importe quelle ville; on m'assure que l'espace qu'ils couvrent est plus grand que celui occupé par l'Université de Londres. Au point de vue de l'architecture, ils ne craignent certes pas la comparaison. La bibliothèque, qui est admirablement organisée, contient déjà 80,000 volumes, et le matériel scientifique de l'Université est, je crois, meilleur que tout autre en France; les sommes dépensées pour l'Université dépassent déjà 11,000,000, et tout a été fourni par la libéralité des catholiques de la région. Dira-t-on encore que le sentiment religieux est mort en France? Les classes sont suivies par 450 étudiants, pour lesquels on a construit trois maisons, où ils peuvent se loger en payant de 1,000 à 1,400 francs par an. Deux dispensaires, un hopital de la Maternité, le grand hopital de la Charité sont en rapports directs avec le service de clinique de la Faculté de médecine et rendent les plus grands services aux classes laborieuses de la ville.

Faut-il beaucoup s'étonner que la remarquable prospérité de ces grands établissements soit vue d'un très mauvais œil par le gouvernement de la République? M. Arthaud, l'un des professeurs de la Faculté de droit, me l'affirme et je n'en suis pas surpris. Les Universités catholiques n'ont pas même le droit aujourd'hui de prendre le titre d'Université; l'État s'en est réservé le monopole; mais tant que l'article 7 de M. Jules Ferry n'aura pas force de loi, on ne pourra pas défendre à des citoyens français de donner leur argent pour fonder des établissements libres.

J'ai fait remarquer à M. Arthaud qu'aux États-Unis, le président de la République, bien que protestant, a assisté cette année même à l'inauguration d'une grande Université catholique et qu'il a prononcé quelques paroles pour souhaiter la prospérité à la fondation nouvelle. « J'ai grand'peur, me répond M. Arthaud, qu'il ne se passe bien du temps avant que nous ne voyons en France une telle République. »

Et qu'on ne l'oublie pas ! Les catholiques de Lille qui font preuve d'une si généreuse initiative sont obligés de contribuer à contre-cœur à toutes les dépenses que la troisième République continue de faire pour l'instruction laïque. Les catholiques paient pour soutenir leurs œuvres. Ils paient aussi la construction insensée des palais scolaires et l'entretien, toujours plus lourd, d'une armée d'instituteurs qui trop souvent sont avant tout des fonctionnaires républicains.

Si encore tous ceux qui se destinent à la carrière de l'enseignement pouvaient être placés !... mais le nombre des places dont le gouvernement dispose est bien moins grand que le nombre des aspirants.

Chaque année, des centaines de jeunes gens trompés par les déclarations officielles passent leurs examens pour devenir instituteurs ; on ne peut créer assez de postes nouveaux pour les occuper. Restés sans emploi, ils sont tout prêts à devenir les soldats du parti révolutionnaire ; nihilistes d'un nouveau genre dont la France devra la naissance à la République. Et ce qui est grave pour les hommes est plu grave encore pour les jeunes filles, comme m le faisait remarquer à Lille même un conseiller général. On leur fait espérer des merveilles. On ne leur donne rien. L'autre jour encore, le gouvernement mettait au concours 70 places d'employées dans les télégraphes. Il s'est présenté 800 concurrentes. Que deviendront les 730 jeunes filles qui ont échoué, et la rue ne deviendra-t-elle pas un trop facile refuge pour beaucoup d'entre elles ?

Quand on parle de l'effort fait par les catholiques français pour défendre leur foi religieuse, il ne faut pas seulement parler de Lille.

A Lyon, à Angers, à Toulouse, à Paris, de grands sacrifices ont été faits et de grands résultats obtenus. A Paris seulement, depuis quelques années, les catholiques ont dépensé dix-sept millions pour les écoles, et leur dépense annuelle est de deux millions.

Combien les apôtres de l'incrédulité ont-ils sorti d'argent de leur propre poche pour leur croisade persécutrice ? Et ne font-ils pas payer aux Français qui croient les frais de la guerre qu'ils dirigent contre leur foi ?

Et les Français qui croient sont nombreux ; nombreux et dévoués. Ici même, à Lille, et je ne fais que raconter les faits que M. Grimbert m'a appris, une partie très importante des millions recueillis pour la cause religieuse a été versée par un seul individu qui a consacré sa vie, ses forces, sa fortune à cette belle œuvre. Je ne me permettrai pas de citer son nom, car sa modestie égale son dévouement. Sorti d'une vieille race flamande, portant un nom depuis longtemps connu, ce chrétien convaincu a obtenu de son frère qui est son associé, que tous les ans, le *tiers* des profits qu'ils retirent de leur grande maison de commerce serait réservé pour « la cause de Dieu » ! Et ce frère, non content de son généreux sacrifice, a limité depuis lors ses dépenses personnelles à quelques milliers de francs, consacrant tout le reste de sa fortune à la charité. Je ne crois pas que, même au point de vue pratique, la France ait intérêt à détruire une foi qui peut faire naître de tels dévouements.

J'ai visité aussi à Lille une très curieuse cité ouvrière, fondée par les propriétaires d'une grande manufacture, et j'y ai vu entre autres une maison pour les jeunes filles qui m'a frappé par son organisation. Elle est dirigée par les sœurs de Saint-Vincent-de-Paul dont l'entrain et l'habileté sont vraiment admirables. La propreté des dortoirs, l'ordre qui régnait partout étaient vraiment frappants.

A Lille, les cités ouvrières sont très nombreuses. C'est en 1865 qu'a commencé leur établissement. Quelques personnes zélées se sont alors réunies pour former un fonds de deux millions, avec l'aide de la municipalité qui a garanti un intérêt de 5 0/0. Le capital a été consacré à construire des maisons isolées qu'on pût louer aux ouvriers, dans de très bonnes conditions et à un prix peu élevé. La municipalité s'engage à fournir tous les puits et toutes les pompes de ces maisons. Elle fait aussi un sacrifice annuel pour une institution charitable fondé sous l'Empire et nommée « les Invalides du travail ». Des pensions sont assurées à de pauvres ouvriers que quelque accident a rendus incapables de gagner leur vie. Des secours momentanés peuvent être aussi accordés. Mais la plus remarquable des institutions charitables de Lille date de l'ancien régime et vaut la peine d'être décrite: Le 27 septembre de l'année 1607, un respectable citoyen de Lille, Barthélemy Masurel, bourgeois et manant de la cité, se présenta devant deux notaires et déclara que, pour secourir les pauvres de Lille comme pour le salut de son âme, de celles de ses ancêtres et de celles de ses descendants, il voulait fonder un mont-de-piété, où les malheureux recevraient des prêts sans avoir à payer d'intérêts. Dans ce but, Barthélemy Masurel faisait une donation irrévocable, pour prendre effet après sa mort, de toutes ses propriétés situées à Lille et de sa maison de campagne, le tout valant environ 300,000 francs au taux de l'époque. Deux ans plus tard, cet excellent homme ayant peine à supporter la vue de toutes les misères qui l'entouraient se décidait à mettre la ville de Lille en possession de son legs, contre une rente annuelle de 1,200 florins ; puis il se mit à l'œuvre pour bien organiser son mont-de-piété. Les prêts ne devaient être faits qu'aux habitans de Lille et de la banlieue, non aux prodigues ou aux gens de mauvaise vie, mais aux personnes pauvres et nécessiteuses que la difficulté de vivre obligeait à emprunter ; le maximum des prêts était fixé à 30 francs, mais Barthélemy Masurel avait si bien tout combiné, et tant de bonnes âmes s'étaient associées peu à peu à son œuvre, qu'en 1745 le mont-de-piété pouvait élever ses prêts jusqu'à la somme de 150 francs.

La fondation de Masurel rendit les plus grands services aux pauvres de Lille, pendant le xviie et le xviiie siècle. Au moment de la

Révolution, elle était encore très prospère; elle possédait un capital de plus de 450,000 francs; mais la Convention y mit bon ordre; elle bouleversa si bien l'organisation des monts-de-piété, qu'en 1803, quand Napoléon entreprit de réparer le désordre partout existant, le capital du fonds Masurel ne se montait plus qu'à *10,408 francs*. Les autorités municipales de Lille eurent le bon sens de suspendre les opérations du mont-de-piété jusqu'au jour où le capital pourrait être reconstitué. Ce n'est qu'en 1857, qu'on put recommencer les prêts. En 1888, le capital avait atteint de nouveau la somme de 334,000 francs; le maximum des prêts était fixé à 200 francs, et les engagements ou renouvellements s'étaient élevés à 16,000. L'histoire du fonds Masurel prouve une fois de plus ce que la France a dû à ses régénérateurs de 1792.

Je ne connais guère, dans les temps modernes, qu'une fondation qui puisse être assimilée à celle faite, en 1607, par le bon bourgeois de Lille. En 1874, dans un dîner donné à Londres pour célébrer le vingt-deuxième anniversaire de l'accession au trône du roi Guillaume III, des Pays-Bas, les convives décidèrent de faire une souscription destinée à créer une œuvre qui pût rappeler leur réunion. Le ministre des Pays-Pas en Angleterre, le comte de Bylandt, eut une heureuse inspiration : il proposa de fonder une caisse de secours pour les pauvres Hollandais établis à Londres, et c'est ainsi que fut décidée, par acclamation, la création du fonds du roi Guillaume. Comme le fonds Masurel, ce fonds est destiné à faire aux pauvres des prêts gratuits; l'idée est la même, et les détails de l'organisation se ressemblent sur quelques points.

Mais si la ville de Lille et le département du Nord méritent de sincères éloges pour leurs institutions charitables, il y a des ombres à ce tableau. L'ivrognerie et l'intempérance sont un des plus redoutables fléaux de cette riche région; et je ne tire pas cette conclusion de la consommation de la bière qui se monte annuellement à deux cent vingt bouteilles par homme, femme ou enfant, mais du développement inquiétant de tous les dérivés de l'alcool.

Dès le début du siècle, Lille avait sous ce rapport une très mauvaise réputation, et un préfet du Nord, M. Dieudonné, déclarait que beaucoup d'ouvriers ne travaillaient que trois jours par semaine pour passer les quatre autres dans les cabarets à boire de l'eau-de-vie de grains, mais les populations rurales étaient bien différentes.

Aujourd'hui, hélas ! il n'en est plus de même, et le nombre des cabarets se multiplie dans les campagnes avec une inquiétante rapidité. La consommation de l'alcool pur, qui se montait en 1849 à 2,52 litres par homme, femme ou enfant, arrive en 1869 à 4,65 litres et atteint aujourd'hui 6 litres ; ce qui représente par homme, femme ou enfant une moyenne annuelle de 16 bouteilles d'eau-de-vie à quarante-deux degrés. Je n'ai pas rencontré pendant mon séjour dans le département de femmes ou d'enfants ivres, mais M. Jules Simon a donné dans son livre l'*Ouvrière* une description poignante de l'ivrognerie féminine à Lille où, me dit-on, on trouve des cabarets spéciaux pour les femmes.

Je dois noter aussi, au préjudice des populations du Nord, leur passion croissante pour les combats de coq, et bien que l'exemple de l'Angleterre soit journellement cité par les défenseurs de cette coutume barbare, je ne crois pas qu'elle puisse beaucoup servir au développement moral des habitants. Les coqs, qui combattent dans l'arène, sont regardés comme les représentants des villes auxquelles leurs propriétaires appartiennent, et si le champion de Roubaix l'emporte sur le champion de Tourcoing, il n'est pas rare de voir les habitants des deux villes en venir aux mains et soutenir la gloire de leur cité sur le cadavre d'un des combattants ailés. Ce n'est pas en détruisant toute notion religieuse qu'on luttera contre de tels passe-temps. L'école *sans Dieu* a de plus tristes résultats encore. Le directeur d'un important journal de Lille m'affirme qu'il n'y a pas de ville en France où la prostitution des enfants n'ait atteint un plus grand développement. Et comme je lui exprimais ma surprise, la loi sur le *détournement des mineures* étant au moins aussi stricte en France qu'en Angleterre, il m'a répondu : « Comment voulez-vous que cette loi soit sérieusement appliquée par un gouvernement comme le nôtre ? »

Je n'ai pas rencontré, pendant tout mon voyage en France, de pessimiste plus décidé que ce journaliste. D'après lui, les républicains l'emporteraient aux élections de septembre dans les sept circonscriptions de Lille et les braves catholiques de la ville en seraient responsables : « Ils pensent trop à l'âme de leurs concitoyens et pas assez à leur vote. »

Et comme je lui disais que la peinture qu'il venait de me faire de l'état moral des ouvriers excusait peut-être cette préoccupation catholique de Lille, il ne voulut jamais l'admettre :

« Même au point de vue moral, la première chose à faire n'est-elle pas d'arracher le pouvoir à ceux qui le tiennent? Ne font-ils pas tout pour rendre le pays incrédule, ne démoralisent-ils pas l'armée, ne détruisent-ils pas la magistrature? Mais je m'épuise en vain à faire comprendre tout cela à mes bons amis les conservateurs. Ils ne veulent pas bouger, et voilà pourquoi nous serons battus. »

Mon ami était trop pessimiste; sur les sept sièges de députés qui reviennent à l'arrondissement de Lille, les monarchistes en ont pris quatre, et dans l'ensemble de l'arrondissement leurs candidats ont obtenu une majorité de plus de 11,000 voix sur les candidats républicains. Même en additionnant les voix des boulangistes et celles des républicains, la majorité conservatrice serait encore de 7,000 voix. Les conservateurs l'auraient donc largement emporté dans cet arrondissement, si le vote avait lieu *effectivement par arrondissement* et non par circonscriptions découpées, au gré des maîtres du jour.

Et ce qui est significatif, c'est que les majorités obtenues par les conservateurs sont presque toujours plus considérables que celles obtenues par les républicains élus, non seulement dans l'arrondissement de Lille, mais dans tout le département. Dans l'arrondissement d'Hazebrouck, où l'élément flamand est le maître, les candidats conservateurs ont eu des majorités de 6,000 et de 5,000 voix sur 11,000 et 10,000 votants. La première circonscription de Dunkerque a élu un boulangiste révisionniste par 7,000 voix contre 4,000; la seconde circonscription a nommé un monarchiste avec une majorité de 5,000 voix sur 11,000 votants.

Mais si mon ami pessimiste de Lille se trompait sur le résultat du vote dans son département, il n'avait pas tort d'être effrayé par le colossal effort du gouvernement et par sa savante organisation pour manipuler les scrutins. Quand on considère dans la France entière les infimes majorités obtenues par beaucoup de députés républicains, quand on se rappelle les exemples de Saint-Nazaire et de Lodève et les instructions précises sinon publiques données par M. Constans à ses préfets, on ne peut pas ne pas être frappé de ce fait que, sur les 164 candidats gouvernementaux nommés au premier tour de scrutin, 87 l'ont été par des majorités de moins de 1,000 voix, tandis que sur les 147 monarchistes nommés le même jour, 48 seulement l'ont été dans les mêmes conditions. Parmi les 164 républicains élus, 1 sur 8 a eu une majorité de moins de 200 voix; parmi les 147 monarchistes, 1 sur 13 seulement avait une aussi faible majorité.

Les Anglais et même les Américains ont bien de la peine à comprendre la froideur cynique avec laquelle on procède, sous la troisième République, à l'escamotage électoral. Escamotage, le jour du vote, en falsifiant les scrutins; escamotage après le vote en invalidant les députés régulièrement élus. Pour ne parler que de l'invalidation du général Boulanger et de M. Naquet, il est indéniable que l'on n'a vu là qu'une opétion politique et qu'on l'a accomplie comme Robespierre aurait pu le faire.

En proclamant l'adversaire du général Boulanger élu à sa place, les républicains de 1889 n'ont fait que mettre en pratique la résolution de la *Section des Piques* sous la Terreur, protégeant les électeurs contre leur incapacité, en choisissant à leur place les vrais patriotes dignes de les représenter.

Que devient donc la souveraineté populaire et que fait-on des droits divins du suffrage universel?

Quoi qu'en pensât mon ami de Lille, je

crois que les catholiques de la région n'ont pas eu tort de beaucoup s'occuper du sort intellectuel et moral des populations qui les entourent. Les républicains se chargent de faire de la propagande conservatrice en rendant la République insupportable aux hommes qui aiment la religion et la liberté.

Lord Beaconsfield disait non sans raison que le monde est gouverné par les hommes dont il entend le moins parler. Parole profonde, quand on l'applique à l'Église catholique. La souche du catholicisme est encore pleine de force dans la région flamande, et ceux qui croient la voir dépérir se trompent. Vous trouverez à Paris comme à Londres bien des gens parlant sans cesse du déclin de la foi chrétienne et qui, au même moment, expriment leur admiration profonde pour le dévouement d'un père Damiens donnant sa vie pour un pauvre insulaire. N'oublient-ils donc pas que le père Damiens était simplement un catholique flamand obéissant à ce qu'il croyait être la volonté de Dieu?

CHAPITRE X

LE VAL-DES-BOIS ET LES CORPORATIONS D'OUVRIERS

Reims. — Mgr Langénieux. — Le Val-des-Bois et M. Harmel. — Les cercles catholiques d'ouvriers et M. de Mun. — La statue d'Urbain II. — Châtillon-sur-Marne. — La campagne anti-sémite jugée par un prêtre. — La guerre religieuse.

Il n'y a pas de ville en France qui ait plus à perdre et moins à gagner au triomphe de la troisième République que cette belle et royale cité de Reims. Le triomphe de la troisième République, comme l'entendait M. Challemel-Lacour, en 1874, ne va pas sans la destruction du sentiment religieux en France, et l'histoire de Reims ne se comprend plus si le sentiment religieux est détruit. — Le jour viendra peut-être où les Français laïcisés et athées regarderont le voyage en ballon de M. Gambetta et l'occupation du Tonkin, comme des événenements plus importants pour l'humanité que la création de la France par Clovis et le relèvement de la France par Jeanne d'Arc. — Dieu me garde d'assigner des limites à la crédulité d'un vrai incrédule! Mais tant qu'il existera des catholiques ou même des protestants, je ne vois pas ce que Reims pourrait gagner à la destruction du sentiment religieux en France.

Sur les 200,000 habitants que contient l'arrondissement de Reims, plus d'un tiers réside dans la ville même; beaucoup travaillent dans de nombreuses manufactures, beaucoup plus encore sont occupés par les diverses industries que fait naître le commerce du champagne. — Le centre de ce commerce est à Épernay; mais deux ou trois des maisons les plus importantes sont depuis longtemps établies à Reims, et l'on trouve dans la ville quelques-uns des celliers les plus remarquables. — C'est à Reims, au moins autant qu'à Épernay ou à Châlons, qu'on peut faire connaissance avec certains crus de Champagne, introuvables dans le commerce. Je sais bien qu'en m'étendant sur les mérites du champagne, je tombe sous le coup de la fameuse déclaration de M. Canning : « Tout homme qui dit aimer le champagne ne dit rien. » Mais ce qui est écrit est écrit, et je ne le retire pas.

Ce qui est bien certain, c'est que l'agriculture scientifique est en grands progrès depuis quelques années dans le département de la Marne et qu'on peut constater une amélioration réelle dans l'état des populations rurales. Cette amélioration est moins sensible pour les habitants des villes, mais elle existe et elle est due pour beaucoup à l'énergie et à la décision des catholiques de Reims.

Dans le cours de la très intéressante visite que j'ai faite au mois d'août au cardinal-archevêque de Reims, S. Em. a bien voulu me mettre à même de mesurer tout l'effet produit sur la population ouvrière de la région par une large organisation chrétienne.

Comme toutes les grandes œuvres, l'œuvre de Reims repose sur des principes. Mais ces principes découlent moins de théories scientifiques que de l'expérience personnelle et pratique des relations entre patrons et ouvriers. Les *Corporations chrétiennes* et les *Cercles catholiques d'ouvriers* qui font partie de leur organisation, sont aujourd'hui connus de la France entière.

Leur fondateur, M. Léon Harmel, dirige l'importante usine du Val-des-Bois près de Reims. Cette fabrique a été créée, il y a cinquante ans, par le père de M. Harmel. Il avait d'abord dirigé dans les Ardennes une usine dont il avait hérité; mais après l'avoir cédée à son frère, il vint s'établir dans la Marne, au Val-des-Bois, dans l'année 1840. Catholique sincère et pratiquant, il avait vécu jusqu'alors au milieu des populations catholiques et tranquilles des Ardennes : l'esprit de ses nouveaux ouvriers était bien différent; leur étonnement fut grand en le voyant se rendre à la messe. Quelques femmes et leurs filles pouvaient y aller irrégulièrement, les hommes n'entraient pas dans les églises. M. Harmel ne voulut prêcher que par son exemple. Mais grâce aux progrès de la société moderne, « le patron c'est l'ennemi » et son exemple n'a que peu de poids. J'ai entendu raconter par M. Léon Harmel la touchante histoire des succès de son père. — Causant un jour avec certains de ses ouvriers, il était parvenu à leur persuader de se rendre à Reims pour se confesser à un excellent prêtre de ses amis. Mais il avait parlé à chacun de ses hommes séparément sans leur rien dire de sa conversation avec les autres : il rencontre un de ses convertis revenant de Reims, et le questionne sur son expérience : « Ah! monsieur, répond l'ouvrier, tout cela c'est très bien, mais on ne m'y repincera jamais. — Et pourquoi donc? — C'est que je croyais être le seul à aller à confesse; je n'ai vu personne dans le confessionnal, le curé a été très bon et je suis parti content, mais quand j'ai voulu communier j'ai vu là trois de mes camarades. Vous dire comment nous nous sommes regardés! Tout le monde le saura ce soir à l'usine et on nous tourmentera pendant six mois. Ah non! on ne m'y reprendra pas! »

Si l'exemple de M. Harmel fut insuffisant pour secouer l'indifférence religieuse de ses ouvriers, sa justice, sa bienveillance, sa foi personnelle n'en exercèrent pas moins une influence utile et la manufacture de Val-des-Bois devint bien connue : les désordres et les scandales y étaient rares. Ce n'était pas assez pour M. Harmel. Après vingt années d'efforts individuels, il se décida à appeler deux sœurs de Saint-Vincent-de-Paul qu'il établit dans une ancienne auberge. Tout se passa simplement. Les sœurs transformèrent l'écurie en une crèche et installèrent l'école dans deux petites chambres. Une mission fut organisée par deux pères de la Compagnie de Jésus, on fit des processions et on donna des conférences. La curiosité d'abord, puis bientôt l'intérêt pris à l'entreprise fut assez sensible pour qu'avec l'aide des sœurs M. Harmel pût fonder des *Associations chrétiennes* de jeunes filles : les associations de jeunes gens et les associations d'ouvriers vinrent ensuite. Les sœurs trouvèrent une excellente auxiliaire dans une jeune fille, née dans une famille de cultivateurs et dont elles avaient pu apprécier le dévouement à une mère fort peu estimable et à une sœur très méprisable. Elle manquait d'éducation, mais elle était généreuse et hardie.

Aucune pression ne fut exercée sur les ouvriers: ils administraient eux-mêmes les associations qu'ils avaient fondées. M. Harmel et le prêtre qu'il avait appelé au Val-des-Bois ne donnaient leur avis ou leur secours que lorsqu'on leur faisait appel. Une brave femme, depuis longtemps au service de la manufacture et très estimée par M. Harmel, causait un jour avec le prêtre en question qui s'étonnait de son indifférence pour les associations : « Je m'y intéresse beaucoup, répondit-elle. Elles font du bien, et si je n'y vais pas je leur suis utile. Quand j'entends dire dans les cabarets : Le papa Harmel est un brave homme, mais il faut être un petit saint pour qu'il vous donne de l'ouvrage. Je réponds : Ne dites pas des bêtises; je travaille chez lui depuis trente-cinq ans, je n'ai jamais rempli mes devoirs religieux et on ne me traite pas plus mal. Cela leur coupe le sifflet. »

Mais il fallut compter avec l'hostilité des mères de famille. Elles accusaient les associations d'être la mort des bals et des fêtes. « Il faut que jeunesse se passe. Nous nous amusions autrefois. » On disait aussi qu'à force d'aller à la messe, les jeunes filles négligeaient leurs autres devoirs. Les sœurs reçurent, un jour, la visite d'un brave homme que sa femme tourmentait sans cesse, parce que non content d'encourager ses filles à faire partie des *Sociétés chrétiennes*, il allait lui même à la messe. Ce brave homme apportait aux sœurs un peu d'argent : « C'est pour ma femme, leur dit-il ; elle vous accuse de tout le mal ; achetez-lui une robe avec mon argent ; donnez-la-lui en votre nom ; elle vous connaîtra et nous aurons la paix chez nous. » Et la pieuse fraude eut un plein succès.

Avons-nous besoin de dire tous les obstacles opposés à l'œuvre entreprise ? Le radicalisme est puissant dans la région ; les manufactures sont nombreuses ; on en compte jusqu'à seize dans un rayon de trois lieues ; Reims n'est qu'à une demi-heure de distance ; depuis dix ans les autorités locales luttent contre les associations chrétiennes, et cependant l'œuvre prospère.

En 1861, on ne trouvait pas au Val-des-Bois un ouvrier qui osât aller à la messe; en 1867, sur la demande de quarante de ses hommes, M. Harmel leur dressait les statuts d'un *cercle catholique;* en un an le nombre des membres du cercle avait doublé. Au moment de l'invasion, il vivait d'une vie à lui.

« M. Harmel a fait comme nos vignerons champenois, me disait un des hommes les plus intéressants que j'aie rencontrés à Reims. C'est dans le sol le plus pauvre et le plus crayeux que nous récoltons les meilleurs raisins pour notre *Ay* le plus délicat. Nos plants ne peuvent réussir que s'ils sont assez rapprochés les uns des autres, pour résister à l'âpreté du climat en se tenant chaud. M. Harmel a agi de même. Il a appris à ses hommes à s'associer, à agir les uns pour les autres. En étant pour eux comme un père, il les a amenés à se regarder comme membres d'une même famille. Il a toujours cru que la *Déclaration des Droits de l'homme* mettait le faible à la merci du fort et permettait au *Capital* de ne voir dans le *Travail* qu'un instrument de profit. Il a toujours cherché, non le moyen de tirer le plus possible de ses ouvriers, mais le moyen le meilleur pour remplir ses devoirs envers eux, bien convaincu qu'ils lui rendraient la pareille. Quand les ouvriers perdent le sentiment de leurs devoirs envers leurs patrons, ils perdent aussi le sentiment de leurs devoirs envers leurs camarades. « Chacun pour soi, » c'est la devise de la démocratie moderne, et les syndicats que les radicaux voulaient créer, par leur loi de mars 1884, n'avaient d'autre but que d'établir la terreur. Les mesures ordonnées par de tels syndicats n'ont d'autre sanction que la crainte inspirée par chaque membre à ses compagnons. L'on en arriverait ainsi à créer toute une machine de despotisme, qui serait un jour à la disposition de la tête la plus hardie ou de la bourse la mieux remplie. Et la bourse a toujours joué un grand rôle dans les révolutions. Regardez notre révolution de 1789. Il y aurait une histoire bien instructive à faire sur le rôle joué alors par l'argent; histoire rendue bien difficile par la conspiration du silence.

» On pourra peut-être écrire, un jour, une

biographie vraie de Lepelletier de Saint-Fargeau, le Méphistophélès millionnaire de Philippe-Égalité. La main qui l'a frappé au Palais-Royal, au moment où il venait de voter la mort du roi, n'a pas frappé au hasard. Et jamais, dans ces sombres jours, justice plus dramatique ne fut exercée que par le meurtre de cet homme, dans cet endroit, entre l'instant où il avait voté la mort de Louis XVI, et l'exécution du roi qui eut lieu le lendemain.

» Mais on ne peut encore écrire cette histoire. Regardez les comptes rendus de la Convention; vous y trouverez bien plus de détails sur la mort de Lepelletier que sur celle du roi. On lui a voté des funérailles nationales; on a fait de sa fille (elle était une grande héritière) la pupille de la Convention. Ce n'était pas ce qu'il avait rêvé pour elle. Je vous montrerai, un jour, une lettre d'elle bien curieuse sur l'impératrice Joséphine. Elle était devenue charmante, mais difficile à diriger; elle fit un mariage d'amour, vous le savez, brisa le cœur de son mari, divorça et se remaria. On ne pourrait raconter tout cela, sans troubler la paix de familles qui ne sont pas plus responsables de ses actes que des complots de son père. Ce serait comme si l'on évoquait le spectre de ce monstre de Carrier pour faire enrager ses descendants. Son fils, un excellent homme, avait changé de nom. Je ne connais rien de plus malicieux que ce mot d'une Française, jalouse des succès obtenus dans une cour étrangère par une des descendantes de Carrier : « Elle est charmante, sans doute ; mais regardez sa bouche ; vous verrez qu'elle a les dents cariées. »

» Pour en revenir à Lepelletier, si jamais l'on raconte son histoire, on verra que l'or et les ambitions privées ont plus fait pour la catastrophe finale que toutes les raisons des philosophes ou des patriotes. Il en arrivera de même partout et toujours quand l'idée du devoir cessera d'être une règle pour la société. Ce qui m'inquiète pour l'avenir, c'est bien moins le mécontentement des travailleurs que l'égoïsme de ceux qui tiennent le capital. Et ce que j'admire le plus dans l'œuvre de M. Harmel, c'est le courage, c'est la précision avec lesquels il a parlé des devoirs des patrons envers les ouvriers. Avez-vous lu son *Catéchisme du Patron ?* »

Mgr Langénieux m'avait remis un exemplaire de ce livre, l'une des études pratiques les plus remarquables que j'aie jamais lues sur les rapports entre le *capital* et le *travail ;* livre intéressant même s'il n'était que de la théorie pure, mais plus intéressant encore parce qu'il résume les expériences victorieuses d'un homme habile et résolu, sur un champ de travail qui semblait devoir être improductif.

Ce n'est qu'après la guerre, qu'un cercle catholique d'ouvriers fut installé à Paris, en 1871, et que le mouvement commença à se répandre dans la France entière ; mais quand, en 1874, à la suite de l'incendie de son usine, M. Harmel dut transporter son industrie à La Neuville, plus de cent cercles catholiques prirent part à la souscription ouverte en faveur des ouvriers, et, le 2 octobre, un bref de Sa Sainteté Pie IX donna une approbation formelle à l'Œuvre entreprise.

En 1878, on comptait en France plus de

quatre cents cercles contenant près de cent mille adhérents, et avec le développement des cercles s'organisaient des sociétés de membres honoraires, pour répandre les principes des corporations chrétiennes. En 1875, à l'occasion d'une enquête parlementaire, M. Ducarre, rapporteur de la commission chargée d'étudier les conditions du travail en France, déclarait que tout le mouvement en faveur des syndicats prouvait la nécessité de rétablir le système des corporations ouvrières détruites par la première République. Mais ce rapport n'eut aucun succès auprès des radicaux.

Neuf ans plus tard, le 21 mars 1884, fut votée une loi autorisant l'établissement des syndicats professionnels. Le but de la majorité républicaine qui régnait alors était de favoriser les *trades-unions* contre les patrons; mais en rendant légaux ces syndicats agressifs, la loi était obligée d'établir la légalité d'associations chrétiennes, telles que celles fondées par M. Harmel. Elle faisait ainsi peser une grande responsabilité sur les patrons et ce qu'on appelle en France les *classes dirigeantes*. S'ils voulaient se mettre résolument à la tâche pour reconstruire l'ordre social sur les principes de coopération et de sympathie, la loi de 1884 votée pour élargir l'abîme entre les patrons et les ouvriers pourrait servir à le combler. Mais les promoteurs du mouvement en faveur des corporations chrétiennes trouvent plus de succès auprès des ouvriers qu'auprès des patrons. Un rapport, présenté en 1885 aux évêques de France, l'établit clairement. Ce rapport est signé par le Mis de la Tour-du-Pin-Chambly, le comte de la Bouillerie, le comte de Mun et le comte Albert de Mun.

Le marquis de la Tour-du-Pin a été, dès le début, un des collaborateurs les plus zélés et les plus actifs de M. Harmel. Le comte Albert de Mun, l'âme de l'Œuvre entière, a donné sa démission d'officier pour s'y consacrer. Élu député du Morbihan en 1881, pour demander non seulement la restauration de la Monarchie mais la restriction du droit de suffrage, il a été renommé sans opposition, en 1889, par la deuxième circonscription de Pontivy. L'esprit d'égalité est plus puissant dans le Morbihan que partout ailleurs, et le mépris populaire pour le suffrage universel y est très instructif.

« Pour les corporations chrétiennes comme pour les cercles d'ouvriers, vous n'avez jamais et nulle part trouvé d'obstacles chez les ouvriers.... Là où le mouvement languit, on le doit pour la plus grande part à l'apathie, au découragement, à la frivolité des classes supérieures. » Ce passage du rapport invoqué plus haut vaut la peine d'être cité.

Pour des manufactures aussi grandes que celle du Val-des-Bois, les corporations chrétiennes peuvent se suffire à elles-mêmes. Le patron et les ouvriers forment entre eux un petit monde qui peut se tirer d'affaire. Mais l'aide des classes supérieures est nécessaire pour le développement de l'association entre les ouvriers isolés ou qui travaillent dans de petits établissements. Depuis trois ou quatre ans, il semble qu'un progrès réel ait été obtenu à cet égard.

En 1884, les efforts de l'archevêque de Reims, de l'évêque d'Angers, d'autres prélats encore, ont assuré la participation active du Saint-Siège à l'œuvre. Au mois de février, un pèlerinage de membres des cercles catholiques fut reçu en audience spéciale par Léon XIII, qui, dans une remarquable allocution, donna sa bénédiction et son approbation papale à l'œuvre entreprise. D'autres pèlerinages furent organisés en 1887 et 1889.

Les rapports entre les associations et les curés furent très facilités par ces événements. Le clergé est toujours lent à s'associer, sans réserve, à un mouvement religieux dû pour beaucoup à l'activité des laïques. On l'a bien vu en Angleterre par l'attitude du clergé protestant envers Wesley et Whitfield; et ce n'est pas le seul rapport, rapport involontaire, qui existe entre l'organisation puissante des Wesleyens et celle adoptée par M. Harmel.

L'action de M. Harmel ne s'est pas exercée seulement dans le domaine moral. La maison Harmel frères fait, au nom de la corporation, des marchés avec les fournisseurs du Val-des-Bois, qui s'engagent à vendre leurs marchandises aux membres des corporations chrétiennes, et à eux seuls, à des prix toujours inférieurs aux prix courants. Ces marchands privilégiés reçoivent en paiement des bons d'un franc, cinquante centimes et dix centimes, émis par la maison Harmel. Chaque semaine, ces bons sont convertissables en argent aux bureaux de la maison.

Si les membres préfèrent payer les fournisseurs en espèces, les sommes ainsi versées sont inscrites au compte de la corporation. Les profits faits par la corporation sont une sorte de caisse d'épargne. Chaque membre reçoit un carnet portant son nom, et relatant tous les trimestres l'état de son compte ; les sommes qui y sont inscrites lui donnent un intérêt de 5 0/0.

Le carnet ne peut être retiré que dans des cas déterminés, à moins que son propriétaire n'ait atteint l'âge de cinquante ans. Le départ de la maison, la maladie, l'incapacité au travail donnent droit au retrait. La part qui revient à chaque membre dans les profits de l'association se monte au bout de vingt-cinq ans à 3,300 francs, si l'on base son calcul sur un gain annuel de 70 francs par membre. Et cette part considérable ne lui a rien coûté; elle est le simple résultat de la force que donne, pour les relations avec les fournisseurs, l'association entre le patron et ses employés.

Depuis dix ans, et surtout depuis la loi de mars 1884, l'action de ces *corporations chrétiennes* s'est beaucoup étendue. A Poitiers, la corporation des entrepreneurs de bâtiments sous l'invocation de Sainte-Radegonde, celle de Notre-Dame-des-Clefs fondée par les drapiers, celle de Saint-Honoré créée par des marchands de comestibles, ont leur vie propre. A Lille, la corporation des filateurs et des tisserands, ou corporation de Saint-Nicolas, comprenait l'an dernier huit cent quatre-vingt-sept membres, hommes ou femmes, dont vingt-six manufacturiers, trente-sept employés et huit cent vingt-quatre ouvriers. Elle est présidée par un des grands manufacturiers de la ville et, d'après la loi de 1884, peut posséder les bâtiments qui lui sont nécessaires pour ses réunions, avoir une caisse d'épargne, un fonds de pension et d'assistance mutuelle.

Le développement constant de ces institutions a conduit à un plan général d'administration provincial et national; les corporations sont groupées par provinces, non par départements. Les assemblées provinciales nomment des délégués qui se réunissent à Paris dans une assemblée générale. Dans la réunion de 1889, le travail avait été divisé en quatre comités.

L'organisation a pour base la maxime sensée et militaire de saint Vincent de Paul : « Gardons nos règles et nos règles nous garderont. » Je suis convaincu que les francs-maçons et les incrédules fanatiques apprendront, à leurs dépens, que l'organisation chrétienne des rapports entre le capital et le travail aura son effet en politique.

N'a-t-on pas vu, en Allemagne le sort du *Kultur-Kampf;* et n'y a-t-il pas une curieuse analogie entre l'esprit des cercles catholiques en France et les idées de Mgr von Ketteler dont s'est inspiré le grand parti du Centre dans sa lutte contre le chancelier ? Mais les pygmées de Paris ont brûlé leurs vaisseaux, ce que n'avait jamais fait M. de Bismarck. Il voulait surveiller l'Église catholique et s'en servir ; ils n'ont d'autre but, comme le leur a dit Jules Simon, que de remplacer une religion d'État par une irréligion d'État. Quand, en 1877, M. Gambetta a poussé son cri de guerre : « Le cléricalisme, voilà l'ennemi ! » il n'a fait que donner une formule à la politique suivie, depuis longtemps, par son parti.

Dès le 4 septembre 1874, M. Challemel-Lacour avait réclamé pour l'État le droit de contrôle sur l'instruction supérieure pour assurer l'*unité morale* de la nation. Que deviendrait cette unité si les catholiques, les protestants ou les juifs pouvaient fonder des universités décernant des diplômes ? Les républicains de 1848 comme les libéraux de 1830, comme M. Guizot, s'étaient gravement trompés en parlant de liberté d'instruction. Seuls les jacobins de 1792 avaient vu la lumière ; seuls ils avaient compris *l'unité morale de la France.* Si ce ne sont pas là les termes mêmes de M. Challemel-Lacour, c'est le résumé de son discours. Il s'opposait à la liberté, au nom de l'unité.

Les jeunes gens élevés dans les facultés libres deviendraient des apôtres zélés du catholicisme ; plus ils mettraient d'ardeur dans leur prosélytisme, plus ils exciteraient leurs antagonistes. Au lieu de fonder l'unité morale de la nation, on entasserait les matériaux pour l'incendie. On en arriverait peut-être au cataclysme. C'était bien là le principe des jacobins de 1792 ; ils organisaient *l'unité morale* de la nation, à l'aide de la guillotine, du comité de Salut public et des assassins à gages. Ici même, à Reims, en septembre 1792, pendant qu'à Paris l'ordre public et la liberté étaient établis par le massacre des prisonniers, les agents de Marat tentaient un énergique effort pour assurer *l'unité morale* du pays. Dans son histoire de la Révolution, M. Carlyle n'a pas estimé cet effort à sa juste valeur. Il parle de huit personnes tuées à Reims et il semble croire que ces huit personnes ont été massacrées par une populace en délire, surexcitée par les proclamations parisiennes. Il devrait savoir qu'il s'agissait là d'une besogne administrative. L'histoire vaut la peine d'être racontée.

L'émeute du 10 août 1792 avait renversé la Monarchie, sans fonder la République. La Constitution était en lambeaux et le pouvoir à la merci des démagogues. Il fallait frapper un coup de nature à agir sur les électeurs chargés de nommer la Convention. L'élection était à deux degrés. Les délégués désignés le 26 août devaient choisir, le 2 septembre, leurs représentants. En vue de cette élection et comme moyen de propagande, Marat, *l'ami du peuple*, et Danton, ministre de *la Justice*, avaient fixé la date où s'accomplirait le patriotique travail de *vider les prisons*. Une circulaire signée de Marat, Panis et Sergent, pour inviter les départements à suivre l'exemple de Paris, était adressée dans toutes les villes où l'on pouvait compter sur une municipalité prête à convaincre les électeurs par le massacre et le pillage.

Le 2 septembre 1792, les électeurs du département de la Marne devaient donc se réunir à Reims, pour élire leurs députés à la Convention.

A Reims, Marat avait un ami fidèle, Couplet, procureur syndic, moine apostat, marié à une ancienne religieuse. Protégé de Marat et de Danton, il se moquait du maire et des autorités municipales. Du 19 au 31 août, Couplet multiplie les discours violents et les proclamations incendiaires. Le 31, il reçoit de Paris la nouvelle que des *volontaires* se dirigent sur Reims; il fait arrêter aussitôt le maître de postes, M. Guérin, et un pauvre facteur nommé Carton sous l'inculpation d'avoir séquestré et détruit des lettres que la *justice républicaine* aurait dû connaître.

Le jour de l'élection, les *volontaires* entrent dans Reims; Couplet les reçoit, ils se répandent dans la ville, hurlant contre les aristocrates et demandant justice contre les ennemis du peuple. Le malheureux maître de postes est arraché de sa prison et massacré; le jeune facteur, protégé par quelques citoyens courageux, arrive en sûreté jusqu'à l'Hôtel de ville. Les meurtriers l'y suivent. Couplet les excite : «Rien ne peut excuser la trahison du facteur!» Il est mis aussitôt en pièces.

Cependant, il faut une autre victime. M. de Montrosier, ancien gouverneur de Lille, est arrêté chez son beau-père M. Andrieux et conduit en prison. La foule vient l'y prendre, l'arrache, le tue, et promène sa tête, sur une pique, à travers les rues.

Deux chanoines de Reims se sont réfugiés aux environs, dans un village. Un détachement va les chercher, les ramène et les fusille. Puis comme la nuit vient, les apôtres de l'unité morale de la France, ivres pour la plupart, allument un grand feu de joie devant l'Hotel de ville, y jettent les corps de leurs victimes et, pour finir, précipitent dans les flammes deux prêtres qui viennent d'être pris. Une autre bande, qui a envahi l'église de Saint-Remi, s'empare des bannières qui, depuis quatorze siècles, s'accumulent au-dessus du tombeau du grand archevêque ; et les bannières servent à entretenir le feu.

Pendant ces scènes d'horreur, les électeurs étaient réunis ; mais leur nombre diminuait d'heure en heure ; sur la nouvelle de ces crimes, les gens honnêtes ne pensaient qu'à se retirer au plus vite. 442 électeurs avaient pris part au premier scrutin ; au septième, il en restait

203. 135 donnèrent leurs voix à Drouet, celui même qui avait arrêté la voiture de Louis XVI à Varennes. Ce Drouet, affilié de Marat, créature vicieuse et vénale, sut échapper à la guillotine pour devenir, sous l'Empire, sous-préfet de Sainte-Menehould.

Couplet était satisfait. Mais les volontaires voulaient plus de sang pour l'argent qu'ils avaient reçu.

Ils arrêtaient, le lendemain matin, le vénérable abbé Paquot, curé de Saint-Jean, pour l'obliger de prêter serment à la constitution civile du clergé. Couplet, à qui on le conduisit, fit en vain remarquer que les délais pour le serment étaient passés ; l'abbé Paquot, regardant fermement ses assassins, leur dit : « Je ne jurerai pas. Ma conscience me le défend. Si j'avais deux âmes, j'en donnerais bien volontiers une pour vous. Je n'en ai qu'une et elle appartient à Dieu. » A peine avait-il achevé, qu'il était frappé à mort. Un autre prêtre, de plus de quatre-vingts ans, refusant de prêter le même serment, était pendu à une lanterne, malgré les efforts du maire de Reims, impuissant à disperser les sans-culottes qui, d'après l'historien Carlyle, « aboyaient mais ne mordaient pas ».

Tous ces détails se trouvent dans un procès-verbal officiel signé à Reims, le 8 septembre 1792; en 1795, après la chute de Robespierre, deux des misérables assassins de l'abbé Paquot et du curé de Rilly furent exécutés. Deux autres se virent condamnés à six ans de travaux forcés. Pendant trois ans, les preuves du crime avaient été entre les mains des officiers municipaux de Reims; mais pendant ces trois ans la France avait été livrée aux complices des assassins.

Et le maire de Reims fut bien heureux de ne pas pas payer de sa vie les efforts qu'il avait faits pour sauver les victimes. Ne s'était-il pas montré l'adversaire de « l'unité morale » telle qu'on la comprenait sous la première République.

Après la proclamation de la République, les proscriptions et les confiscations furent à l'ordre du jour à Reims comme partout. La magnifique cathédrale elle-même fut menacée sans cesse; elle ne fut sauvée que par le religieux respect des habitants pour la mémoire de Jeanne d'Arc.

13.

Les émissaires parisiens ne parvinrent pas à entraîner les Rémois ; mais ils n'épargnèrent rien pour mutiler ce magnifique monument.

On me dit que Robespierre s'efforça de mettre un terme au vandalisme de ses disciples et qu'on lui doit la conservation des groupes de statues représentant la vie de la Vierge-Marie. Si cela est, il faut pardonner à Robespierre bien des choses : l'exécution de son cher Camille Desmoulins et de son ennemi Danton, et même l'inscription qu'il avait fait placer au-dessus de la statue de la Vierge : « Le peuple français croit à l'existence de Dieu et à l'immortalité de l'âme. » Il n'y a pas de ville en France où les souvenirs de l'orgie révolutionnaire soient plus en désaccord qu'à Reims avec l'aspect actuel de la ville. J'ai été frappé de l'air tranquille et de la démarche calme des ouvriers, aussi bien que de la prospérité et de l'animation qui règnent partout. La grande cathédrale, type achevé de la grande architecture ogivale du XIIIe siècle, s'élève d'après les archéologues sur l'endroit même où les Romains avaient bâti leur forteresse.

Elle domine encore la ville entière comme une citadelle de la foi, de l'espérance et de la charité. Sept siècles n'ont pas remué sa masse colossale, et, l'an dernier seulement, on s'est aperçu de quelque ébranlement dans la construction.

Mais, grâce à Dieu, le siège de Reims est occupé par un prélat qui sait la valeur de ce magnifique édifice, pour la France, pour l'Eglise, pour la civilisation. L'un des premiers actes de celui qui est maintenant le cardinal Langenieux fut de demander un rapport sur l'état de la cathédrale, quand il fut nommé archevêque de Reims; et ce rapport fut confié à M. Millet, l'éminent successeur de M. Viollet-le-Duc. Il fut constaté, dans ce rapport, que les infiltrations de la pluie menaçaient la maçonnerie et dégradaient les sculptures du grand portail de l'Ouest; ce portail unique, comme le savent les visiteurs.

Sur la demande de l'archevêque, quatre de ses amis personnels, alors ministres, MM. Dufaure, Léon Say, Wallon et Caillaux, vinrent à Reims pour étudier l'état de la cathédrale et, en décembre 1875, une loi fut votée qui consacrait une somme de 2,033,411 francs, en dix annuités, pour la restauration de la cathédrale.

Cette restauration, d'abord confiée à M. Millet qui mourut en 1879, passa ensuite à un architecte distingué, M. Brugère, et est aujourd'hui poursuivie par M. Darcy, qui s'est montré le digne successeur de Viollet-le-Duc. Le crédit voté en 1875 est dépensé, mais j'ai eu le plaisir de voir, au budget de 1890, un crédit de 301,508 fr. 26 c. pour les travaux à exécuter à Reims.

Et puisque je parle du budget et à propos d'une église, je ne puis m'empêcher de constater que toutes les dépenses faites par l'État français pour les religions, catholique, protestante, juive et musulmane, n'atteignent pas même au chiffre que l'Église protestante épiscopale du seul État de New-York consacre, chaque année, à son clergé, ses collèges et ses églises. Ne serait-il pas curieux de comparer le budget des cultes avec l'intérêt que pourraient représenter les propriétés confisquées au clergé pendant la Révolution? Un de mes amis du midi de la France m'affirme que la proportion n'est pas d'un dixième. Sur la somme totale de 45,337,145 francs, 228,000 sont dépensés par les services civils du ministère. Sept sous-chefs de bureau reçoivent de 3,400 à 5,400 francs de traitement, alors qu'un prêtre protestant à Paris n'a que 3,000 francs et que le curé de Notre-Dame reçoit 2,400 francs. Les curés de première classe ont de 1,500 à 1,600 francs ; les curés de seconde classe, 1,500 ; les curés de troisième classe, de 1,200 à 1,300 francs. L'archevêque de Paris a 15,000 francs, le traitement d'un directeur ! Le grand rabbin du Consistoire central reçoit 12,000 francs, le grand rabbin de Paris 5,000, et les traitements des ministres israélites varient de 2,500 à 600 francs ; le dernier traitement inférieur de 300 francs à celui d'un huissier du ministère. Tous les traitements, toutes les pensions, les entretiens d'édifices, les frais de voyage forment une dépense totale de 45 millions, soit un peu plus de 1 franc par tête d'habitant, pour 1889 ; et dans la même année le service des Beaux-Arts se monte à 12,700,000 francs. Je ne veux pas dire que cette somme soit trop considérable, mais elle est hors de proportion avec celle votée pour le maintien des institutions religieuses de l'immense majorité des Français. Et le budget de 1889 montre clairement l'esprit dont sont animés les fanatiques de l'*unité morale*. Il représente une diminution de plus de *huit millions* sur le budget des cultes de 1883. En 1883, M. Jules Roche, aujourd'hui député de Chambéry et membre du ministère, avait été jusqu'à proposer de réduire le budget des cultes à 4,588,800 fr. La troisième République suit la voie indiquée par M. Roche.

En 1882, un député républicain, M. Alfred Talandier, avait demandé qu'on dressât le tableau officiel des opinions religieuses en France; mais les partisans de l'*unité morale* étaient trop fins pour tomber dans la trappe que voulait ouvrir leur adhérent. Il serait un peu hardi, même pour une oligarchie parlementaire, de montrer d'un coté un projet de suppression du budget des cultes et de l'autre trente-sept millions cinq cent mille catholiques, protestants, israélites, sans parler des musulmans!

C'est au moment même où M. Challemel-Lacour venait de lancer sa déclaration de guerre contre toute religion, que le cardinal Langénieux prit possession du siège archiépiscopal de Reims. La manufacture du Val-des-Bois venait de brûler, et Pie IX avait reconnu dans son bref d'octobre 1874 toute l'importance du mouvement des cercles catholiques.

Le nouvel archevêque de Reims était l'homme fait pour diriger ce moment.

Bénédictin de l'École de Cluny, élevé dans les traditions de cet ordre illustre, auquel notre civilisation occidentale est due pour une si grande part, il avait été tour à tour à Paris curé dans un quartier populaire et dans le faubourg Saint-Germain. Après avoir passé un an comme évêque à Tarbes, il fut transféré sur le siège archiépiscopal de Reims, étant encore dans toute la force de l'âge. Depuis quinze ans, il a si bien administré ce diocèse que les chrétiens de Reims et de la Marne saisissent toutes les occasions de manifester leur indifférence pour l'*unité morale* de la France. Dans les rues, on rencontre des ouvriers ne craignant pas de porter des médailles religieuses ; dans les églises on remarque, les jours de fête, un grand nombre d'hommes. Dans l'ensemble du département, les monarchistes et les révisionnistes ont eu plus de voix que les partisans du gouvernement, lors des élections de 1889. Les premiers ont réuni quarante mille suffrages ; les derniers, trente cinq mille seulement.

Les pétroleurs auront beau faire : ils ne pourront pas détruire les souvenirs de la vieille France ; à Reims, particulièrement, l'histoire de France ne mourra pas ; j'ai bien pu m'en rendre compte pendant un séjour dans la Marne, au mois de juillet 1887.

Depuis plusieurs années déjà, le cardinal-archevêque de Reims poursuivait auprès du saint-siège la béatification du grand pape français Urbain II, disciple, ami et successeur d'Hildebrand. Le 14 juillet 1881, Léon XIII confirmait cette béatification et, le 21 juillet 1887, avait lieu à Châtillon-sur-Marne l'inauguration d'un magnifique monument élevé à la mémoire d'Urbain II. En présence de l'archevêque de Reims, du nonce du pape à Paris, de beaucoup d'évêques, Mgr Freppel, évêque d'Angers, prononça un très remarquable discours rempli d'allusions frappantes sur la persécution religieuse.

C'était un de ces beaux jours d'été, tels qu'on en voit dans le nord de la France. La petite ville de Châtillon domine la verdoyante vallée de la Marne. Elle est entourée d'un grand cercle de collines boisées où s'élèvent de beaux châteaux. Sur une tour ruinée de la forteresse flottaient, côte à côte, l'étendard français et l'étendard du saint-siège. Auprès des ruines se dressait, sur son piédestal de granit, la colossale statue d'Urbain II. Tout autour étaient rangés, dans la pompe de leurs vêtements de fête, la foule des ecclésiastiques accourus pour rendre hommage au grand pontife que l'Église ne regarda point comme indigne de continuer l'œuvre d'Hildebrand. Partout où le chant de l'Angélus s'élève sur la terre, il rappelle la mémoire du pape illustre, qui créa la trêve de Dieu pour permettre aux chrétiens d'Europe de s'unir contre l'invasion menaçante des disciples de Mahomet.

Mais les milliers d'individus de tous les âges et de toutes les classes, réunis sur le grand plateau de Châtillon, dans ce jour d'été pour acclamer l'inauguration du monument de ce grand Français et ce zélé serviteur de l'Église, ne pensaient pas seulement à l'intérêt historique de cette imposante cérémonie ; ils se rappelaient le péril couru par leur pays, leurs maisons, leur foi. Aujourd'hui comme au xie siècle, il faudrait à la France « un champion moral de la liberté de l'Église, un défenseur de la paix publique ».

Et l'éloquente parole de l'évêque d'Angers donnait une forme précise au sentiment intime de ceux qui étaient là rassemblés.

La semaine même où avait lieu l'inauguration du monument d'Urbain II, revenait l'anniversaire du couronnement à Reims de Charles VII, en présence de Jeanne d'Arc. Le cardinal-archevêque de Reims tint à faire suivre la manifestation de Châtillon par une fête solennelle en l'honneur de la Pucelle d'Orléans. Sur sa demande, Gounod, depuis longtemps son ami, avait composé la messe de Jeanne d'Arc. Il vint lui-même de Paris pour en surveiller l'exécution. Cette belle musique, simple et grande, dans le style de Palestrina, produisit un excellent effet sous ces voûtes profondes où, quatre siècles auparavant, la Pucelle s'était agenouillée la bannière en main. Que ceux qui ont pu constater l'émotion profonde et silencieuse de l'immense assemblée réunie pour écouter cette belle œuvre viennent dire si le sentiment religieux est mort en France ou va y mourir!

Le soir de ce jour, la vaste cathédrale était encore remplie; et des hommes en foule étaient réunis pour entendre la voix éloquente d'un des plus éloquents prédicateurs français, le chanoine Lemann, de Lyon. Dans le cours de son sermon, l'orateur sacré rappela, non sans force, l'ardeur avec laquelle Urbain II s'était élevé contre les faux croisés qui, sous prétexte de défendre le christianisme contre l'Infidèle, avaient persécuté et massacré les juifs d'Europe. L'effet produit par cette protestation significative contre les tendances antisémites fut vraiment grand dans l'auditoire. Je fis allusion à cet incident dans une conversation avec un ecclésiastique très distingué, qui dînait au palais de l'archevêché; il en fut très satisfait : « Une des plus grandes fautes du Gouvernement, me dit-il, est de contribuer à cette hostilité contre les juifs, par la manière dont il distribue les plus importantes fonctions à des hommes qui, israélites de naissance, sont aussi mauvais juifs qu'ils seraient mauvais chrétiens. Près de la moitié des préfectures est occupée par ces individus sans principes, qui n'ont gardé de la religion de leurs pères que la haine contre l'Église catholique, contre les congrégations et les sœurs de charité. Je sais que bien des juifs regrettent un tel état de choses et savent que la politique du Gouvernement est hostile, au fond, à toutes les croyances, aussi bien à celles du grand rabbin qu'à celles des archevêques. »

Pour me prouver la haine antireligieuse des

républicains au pouvoir, mon interlocuteur me raconta ensuite un incident qui venait de se passer à Paris. On sait que les aumôniers ont été chassés des hôpitaux. « Un malheureux auquel les médecins avaient fait comprendre que la fin approchait pour lui, avait supplié les infirmiers laïques de faire venir un prêtre à son lit de mort. Son agonie se prolongea pendant deux jours sans qu'on voulût accéder à son désir. L'un des infirmiers eut enfin l'humanité d'aller chercher un lazariste ; le prêtre vint ; reçu avec la dernière grossièreté, on le fit attendre longtemps dans un corridor, et quand, enfin, on lui permit de s'approcher du mourant, les plus vulgaires injures lui furent adressées par ceux qui auraient voulu l'empêcher de remplir sa mission consolatrice. Et le même esprit sectaire se montre dans toutes les laïcisations d'école. Sur cent familles qui se trouvent dans un village, quatre-vingt-dix-neuf sont des familles chrétiennes, non des familles de saints, mais des familles qui respectent la religion et qui gardent un crucifix. Il y a, ou il peut y avoir dans le village une famille d'athées, et pour cette famille, on supprime le crucifix placé dans l'école, malgré le désir formel des quatre-vingt-dix-neuf autres. Est-ce là le respect de la majorité et du suffrage universel? Rappelez-vous les deux statues de la Vierge à Béziers, l'une en bronze et l'autre en marbre; les autorités municipales avaient décidé leur suppression; le clergé refusa de s'associer à cette œuvre, et ce fut l'argent des contribuables qui dut servir pour cette exécution. Si, dans une ville chrétienne, les Turcs se livraient à de telles profanations, le monde civilisé tout entier en serait indigné; mais cela se passe dans une ville française; ce sont des Français qui le font pour insulter la foi de leurs concitoyens! Des faits du même ordre viennent de se passer à Domrémy. Le soin de veiller sur la maison de Jeanne d'Arc avait été confié à des sœurs de charité; elles avaient construit près de la maison de la Pucelle une école pour les enfants du voisinage. Mais un jour vint où il fallut laïciser à Domrémy comme ailleurs, et alors on a chassé les sœurs. On les a remplacées par un gardien payé aux frais de l'État, et c'est aux frais de l'État que l'instruction laïque est donnée aux enfants du village, d'où Jeanne d'Arc est partie pour sauver la France. »

CHAPITRE XI

LA MAISON DE JEANNE D'ARC

Domrémy. — La maison de Jeanne d'Arc. — Sa laïcisation. — La Princesse Marie d'Orléans. — La Bannière des zouaves de Charette. — Un adorateur américain de Jeanne d'Arc. — Le Château de Bourlemont. — La Princesse d'Hénin et Mme de Staël. — Les Élections dans les Vosges en 1889.

Pendant un séjour très intéressant à Nancy, patrie de Dombasle, j'ai pu visiter une grande maison d'éducation tenue par des sœurs. La Mère Supérieure voulut bien me donner quelques curieux détails sur toutes les persécutions auxquelles sont soumises, dans la France entière, les religieuses qui tiennent des écoles. Les inspecteurs peuvent s'introduire dans leurs classes, tous les jours et à toute heure; ils n'y ont trop souvent devant les enfants qu'une attitude parfaitement choquante. Quand la sœur a, sur son pupitre, un livre de piété, on demande aux enfants si ce livre n'a pas servi à leur instruction et si l'on n'a pas cherché à empoisonner leur esprit par ces doctrines bigotes. « En fait, me dit la supérieure, nos sœurs sont bien mieux traitées dans les pays protestants que dans notre France qui est catholique. »

Je n'ai pas voulu quitter l'Est de la France sans visiter le village de Domrémy, situé dans la verdoyante vallée de la Meuse. Je m'y suis rendu un matin d'été, après avoir traversé Vaucouleurs, où la Pucelle vint trouver Robert de Baudricourt pour lui dire de la conduire au Roi. Le pays, entre Vaucouleurs et Domrémy, est agréable et bien cultivé. Les bois y alternent avec de belles prairies; on passe par le petit village de Greux, dont les habitants furent jadis assez rusés pour se faire exempter de tout impôt, en prouvant, grâce à l'aide de documents falsifiés, que Jeanne d'Arc était née au milieu d'eux. Domrémy n'est pas, du reste, plus considérable que Greux et ne compte pas 300 habitants. Les maisons sont bien bâties; l'église, bel édifice ogival du quinzième siècle, a été récemment restaurée, mais sans perdre son caractère original. La maison de Jeanne d'Arc s'élève tout près. Un charmant jardin, cultivé à la vieille mode, l'entoure. A l'ombre de beaux arbres plus que centenaires se trouve la demeure jadis habitée par Jacques d'Arc et sa femme Isabelle Romée, ainsi nommée parce qu'elle avait fait un pèlerinage à la Ville Éternelle. Tout porte à croire que la façade de la maison a été refaite, longtemps après le martyre de Jeanne. Sur la porte d'entrée, se trouve un écusson datant de 1480 avec cette inscription : *Vive Labeur ! Vive le Roy Louys !* D'après la tradition locale, cette façade aurait été réparée, aux frais du roi Louis XI, qui comprenait mieux que son père les services rendus au pays et au trône par l'admirable fille de Domrémy.

L'intérieur de la maison n'a guère changé, croit-on, depuis l'époque où Jeanne y vivait avec ses parents. Le grand foyer autour duquel toute la famille pouvait se rassembler a gardé sans doute le même aspect, et dans l'une des trois chambres de la maison, la tradition affirme que Jeanne d'Arc a souvent rêvé : c'est là qu'elle a entendu la voix de l'archange saint Michel; c'est de là qu'elle est partie pour gagner des batailles et sauver la France.

Au milieu de la principale chambre de la maison, se trouve un beau modèle en bronze de la célèbre statue de Jeanne d'Arc par la princesse Marie d'Orléans. Une inscription rappelle que cette statue a été donnée au département des Vosges par le roi Louis-Philippe, pour être placée dans la maison même où la Pucelle était née. Beaucoup de plaques commémoratives ont été posées sur les murs de cette pièce; et dans un bâtiment moderne, sur le devant de la maison, se trouve toute une collection d'objets se rapportant au souvenir de Jeanne d'Arc. C'est là qu'on voit la bannière des zouaves de Charette; ils ont combattu à Patay pour la France comme Jeanne y avait combattu. C'est à Patay qu'en juin 1429, les Anglais, commandés par sir John Fastolf, ont fui pour la première fois devant les troupes françaises entraînées par la Pucelle. C'est à Patay, qu'en décembre 1870, l'avant-garde allemande a été repoussée par les volontaires de l'Ouest, auxquels le gouvernement de la Défense Nationale n'avait pas même permis de conserver leur nom de *Zouaves pontificaux*. Alors, aussi, le duc de Chartres devait se cacher, sous le nom de Robert le Fort.

La bannière des zouaves à Patay avait été donnée au général de Charette, peu de jours avant la bataille, par des religieuses de Bretagne, et dans le combat glorieux, elle a été portée au feu par trois officiers de la même famille dont deux sont morts en tenant le drapeau du Sacré-Cœur.

Le petit musée de Domrémy contient aussi un tableau donné par un Anglais et représentant Jeanne d'Arc pansant les plaies d'un soldat anglais, blessé dans un combat où elle avait remporté la victoire. A l'entrée de l'église s'élève une statue de Jeanne, œuvre d'un artiste du pays. Elle est agenouillée, dans son costume de paysanne, une main pressée sur son cœur et l'autre tendue vers le ciel.

Sous la Restauration, la maison de Jeanne d'Arc appartenait encore à un des descendants de sa famille nommé Gérardin, qui avait servi sous l'Empire. Il reçut un jour la visite d'un Anglais, lui offrant un prix très considérable pour pouvoir transporter en Angleterre la chaumière et tous les objets qu'elle contenait. Gérardin était pauvre, mais il refusa. Pour le récompenser, le roi lui donna la croix de la Légion d'honneur et le nomma garde forestier. Le département acheta la maison.

L'expulsion des sœurs de Domrémy a causé un vif émoi dans toute la région. Un brave homme m'a même raconté que tout cela « c'était des affaires de pots-de-vin », et que tout avait été fait pour procurer une place au gardien actuel. Je dois dire que ce gardien m'a paru un brave homme soucieux de prouver son respect pour Jeanne, en soignant scrupuleusement ce qui la rappelle.

Ce qui est certain, c'est que, grâce à la souscription de quelques bons Français, les sœurs ont pu rester dans le village. On leur a construit une école très propre, où les quatre cinquièmes des enfants du pays se pressent autour d'elles.

« Mais comme me le disait un bon fermier de Domrémy même, ce n'est pas amusant pour nous de payer deux fois parce que ces ânes de républicains ont trouvé gentil de braire. Cette sottise-là nous coûte douze cents francs par an. Quel mal les sœurs faisaient-elles? Jeanne les aurait-elle renvoyées? Grâce à elle, on avait autrefois délivré Domrémy de tout impôt et maintenant nous sommes obligés de payer double. »

Non loin de Domrémy, se trouve une petite chapelle qu'a fait élever sur une colline dominant la Meuse, un habitant du pays. Jeanne d'Arc est représentée agenouillée devant les saints et devant l'archange. On dit que c'est là qu'elle entendit leur voix, pour la première fois. Une grande forêt s'étendait alors sur toute la région; la forêt a disparu, mais la vue est belle et l'aspect du pays très varié. J'ai rencontré près de la chapelle un jeune pèlerin venu du Far-West américain et rendant hommage à l'héroïne d'Orléans. Il arrivait de Paris et de l'Exposition. « J'en ai eu assez au bout de trois jours. J'ai réussi à me faire comprendre avec un livre de conversation. J'abordais les gens, en leur montrant la phrase à laquelle je désirais une réponse; je les ai toujours trouvés très aimables. On m'aurait moins bien reçu chez nous. Jeanne d'Arc est pour moi la plus grande femme qui ait jamais existé, et Charlotte Corday vient après. Faut-il s'étonner que ce vieux monde s'en aille, quand on se rappelle que de ces deux héroïnes l'une a été brûlée par ces misérables Anglais et que ces misérables Français ont guillotiné l'autre? »

Avant de quitter les Vosges, j'ai voulu voir le château de Bourlemont qui devait être un des plus beaux du pays avant la Révolution; il s'élève sur le plateau d'une colline élevée, entouré d'un parc magnifique rempli de grands arbres. Sous la Terreur, le château fut pillé et saccagé et l'une des ailes fut détruite. Le prince d'Hénin l'a fait maintenant reconstruire sur le plan original, comme il a fait restaurer, avec un goût parfait, le grand vestibule et la chapelle qui sont tous deux très remarquables.

La princesse d'Hénin qui vivait sous la

Terreur eut bien de la peine à échapper à la guillotine; comme bien d'autres femmes, elle ne dut la vie qu'au courage et à la générosité de Mme de Staël. Cette dernière, en effet, avait organisé en Suisse tout un système pour arracher au danger ses amis qui n'avaient pas pu quitter Paris; elle avait formé un bataillon de jeunes Suissesses intelligentes et déterminées; elle les envoyait en France, munies d'un passeport suisse; à peine à Paris, chacune de ces jeunes filles allait trouver celle des dames dont il fallait assurer la fuite et lui remettait son passeport, l'habillait de ses propres vêtements et lui donnait l'argent nécessaire; elle ne retournait dans son pays, avec un nouveau passeport donné par le ministre de Suisse à Paris, que quand elle avait reçu la nouvelle de la bonne arrivée de la fugitive. Ai-je besoin de dire que toute cette organisation ne pouvait réussir que grâce à la collaboration plus ou moins payée de quelques-uns des républicains *incorruptibles*, qui régnaient alors sur la France.

Le village de Domrémy est dans l'arrondissement de Neufchâteau. J'ai voulu me rendre compte si la politique de laïcisation avait fait gagner beaucoup de terrain aux républicains dans la région.

En 1885, au scrutin de liste, dans l'ensemble du département, les républicains avaient obtenu 47,292 voix et les conservateurs 40,343. En 1889, les voix additionnées des candidats républicains se montent à 47,116 et les voix conservatrices à 42,124.

Le nombre des votants est plus considérable, mais cette augmentation est tout entière au profit des conservateurs. En 1885, tous les candidats républicains avaient passé; en 1889, la 1re circonscription de Saint-Dié a donné la majorité au candidat conservateur, qui a battu M. Jules Ferry lui-même! On le punira sans doute de cette audace en l'invalidant. Dans l'arrondissement de Neufchâteau, le candidat républicain n'a eu que 19 voix de plus que le candidat conservateur. C'est là encore une de ces majorités microscopiques dont j'ai parlé.

De tous ces chiffres, se rapportant à une

région où la lutte a été si vive et le résultat si contesté, on peut dégager une vérité que je crois incontestable : les monarchistes gagnent du terrain, et s'ils ne finissent pas par l'emporter, ce ne sera que par leur propre faute.

CHAPITRE XII

EN NORMANDIE

L'Instruction primaire en France. — Le Val-Richer et M. Guizot. — Protestants et catholiques. — MM. Conrad et Corneli[s] de Witt. — Une élection dans le canton de Cambremer. — Un électeur de 400 livres. — Les pommes et les élections. — Les Bouilleurs de cru. — M. Bocher. — Dans l'Eure. — Le duc de Broglie. — Le château de Broglie. — La vieille France et l'armée moderne. — Eu. — Le Comte et la Comtesse de Paris. — « Nous sommes royalistes parce que nous connaissons le Comte de Paris ! » — Les radicaux maîtres du gouvernement.

Rien peut-être ne montre mieux la vraie nature du conflit entre la France et la troisième République que la part prise dans la lutte par la famille et les représentants du grand homme d'État protestant qui, sous Louis-Philippe, a posé les bases d'un système d'instruction publique vraiment libre et libéral.

On ne peut nier qu'en matière d'instruction la première République n'ait fait reculer la France, au lieu de la faire avancer. Le nombre des illettrés, des personnes ne sachant ni lire ni écrire s'est accru de 1789 à 1799, conséquence naturelle de la destruction des fondations pour l'enseignement comme des fondations religieuses ou charitables. Les décrets et les ordonnances sur l'instruction publique ne firent pas défaut; mais, en fait de travail pratique, on ne peut guère signaler que la confiscation des ressources qui servaient autrefois à l'enseignement, et ces ressources étaient grandes. M. Baudrillart mentionne, dès le VIIe siècle, des fondations pour l'instruction faites par de grandes abbayes. Au XVIe siècle, les écoles avaient crû et s'étaient multipliées dans toute la France. De riches citoyens les fondaient « pour l'instruction de tous les enfants », comme à Provins en 1509 et à Roissy-en-Brie en 1521. Dans les campagnes, le maître d'école était souvent payé en grains; il remplissait parfois des charges publiques; dans beaucoup d'endroits il n'enseignait les enfants que pendant six mois. Les guerres de religion entravèrent le développement de l'instruction, comme jadis la guerre avec l'Angleterre.

A Nîmes, où M. Puech a fait de savantes recherches dans les archives, plus d'un tiers des artisans pouvaient lire, écrire et faire leurs comptes à la fin du xve siècle. A la fin des guerres de religion, il n'était pas rare de trouver des pères signant fort bien, alors que leurs fils étaient obligés de faire « leurs marques », comme ne sachant pas écrire.

Des causes semblables ont produit des effets semblables à la fin du xviiie siècle. Les législateurs de 1791, non contents de désorganiser l'Église, supprimèrent par la loi du 27 juin toutes les grandes associations et corporations industrielles. Ces associations avaient pourvu pendant des siècles à l'instruction des enfants de leurs membres; elles furent détruites comme les hôpitaux. Les hommes qui grandirent entre 1793 et 1813 étaient plus ignorants que leurs pères.

Mais les plus tristes conséquences de la Terreur ne disparurent pas avec la disparition de la guillotine. Avant la chute de Robespierre, la guillotine était devenu un expédient financier. « Nous frappons monnaie sur la place de la Révolution, » disait à ses collègues l'estimable Barère, et il regardait comme une pauvre semaine celle qui rapportait moins de trois millions par la confiscation des biens des victimes. Avec les fusillades du Directoire la confiscation ne s'arrêta pas ; et le Directoire ne fit pas plus pour l'instruction que la Terreur. Les cinq directeurs avaient bien d'autres idées en tête.

Barras, dont un historien qui lui était plutôt sympathique a dit : « Il avait tous les autres vices anciens ou modernes, mais il n'était ni très orgueilleux ni très cruel » ; Rewbell, ce « Parisien affamé toujours à la chasse aux plaisirs », d'après M. Carlyle, et dont son ami intime, Lareveillère-Lépeaux a dit : « Ses jambes étaient trop petites pour son corps, il avait pour coutume de s'attribuer les discours et les actions d'autrui » ; Letourneur, ce rural massif dont la bonne femme se réjouissait de manger du « bœuf braisé dans de la porcelaine de Sèvres » et qui se vantait naïvement d'avoir vu la girafe au Jardin des Plantes quand on lui demandait s'il avait rencontré Lacépède ;

Carnot, *le Père la Victoire*, dont personne ne pouvait supporter la vanité et l'orgueil, d'après Lareveillère ; Lareveillère lui-même que Carnot compare dans ses *Mémoires* à une vipère qui se replierait sur elle-même, après avoir fait un discours. Étaient-ce là des hommes à consacrer leurs jours et leurs nuits à la réorgarnisation de l'instruction publique ?

Et Merlin, de Douai, alors ministre de la justice et qui gouverna vraiment la France pendant près de cinq ans ! ce Merlin, auteur de la « Loi des suspects », qui ne se contenta pas d'être un des premiers parmi les *Titans* républicains à tomber aux pieds de Napoléon Ier pour les baiser, mais qui fut aussi l'un des premiers à trahir Napoléon pour embrasser les genoux du Roi, lors de la Restauration ; ce Merlin dont Barras, qui l'avait fait ministre de la justice, disait calmement : « Les poltrons sont toujours cruels. Merlin se cache le jour du danger et ne ressort que pour frapper les vaincus. »

Le gouvernement que dirigeait ce brave républicain était trop absorbé par les proscriptions et les confiscations pour s'occuper des écoles en France.

Et quand enfin Napoléon Ier prit les rênes dans sa main puissante, il fit passer l'instruction publique après d'autres sujets qui, pour lui, étaient plus pressants. Et si le Concordat réorganisa l'Église, il ne la rétablit pas sur un pied qui lui permît de reconstituer son système d'instruction.

Pour la génération qui grandissait, le gouvernement de Napoléon s'occupait plus de la conscription que de la reconstruction des écoles, et bien que les Églises catholique et protestante aient pris cette œuvre en main dès le début du siècle, elles ne pouvaient disposer que de moyens très insuffisants.

La loi de mai 1804, sous le premier consul, régla toutes les conditions de l'instruction publique. Une autre loi la suivit bientôt, et en 1808 parut le fameux décret impérial établissant en France le système universitaire. Dieu sait combien de projets avaient été soumis à l'Empereur et déchirés par lui comme « idéologues ». Cuvier affirme qu'il n'y en eût pas moins de vingt-trois.

Le décret du 17 mars 1808 défendait l'établissement d'écoles privées, sans l'autorisation gouvernementale, partageait l'instruction publique en trois degrés : instruction primaire, secondaire et supérieure, créait un corps d'inspecteurs généraux et, en fait, laïcisait l'instruction publique en France pour en faire une machine contrôlée par le gouvernement impérial.

Le premier article du décret était ainsi conçu :

« L'enseignement public, dans tout l'Empire, est confié exclusivement à l'Université. »

Un autre article déclarait que « toutes les écoles de l'Université impériale prendraient pour base de leur enseignement la fidélité à l'Empereur, à la Monarchie impériale, dépositaire du bonheur des peuples, et à la dynastie napoléonienne, conservatrice de l'unité de la France et de toutes les idées libérales proclamées par les Constitutions ».

Tous les professeurs de théologie devaient se

conformer à l'édit royal de Louis XIV, en 1682. Bien plus, « les membres de l'Université étaient tenus d'instruire le Grand-Maître et ses officiers de tout ce qui viendrait à leur connaissance de contraire à la doctrine et aux principes du corps enseignant, dans les établissements d'instruction publique. »

Nous avons là « l'unité morale » en France, organisée par Napoléon en 1808, sur les bases où la troisième République a tenté de la réorganiser. Remplacez le mot *République* par le mot *Empire*; *l'athéisme scientifique* par *les propositions du clergé de France en 1682*, et l'instruction publique réglée par Napoléon ressemble fort à celle contrôlée par Jules Ferry. Des deux despotismes, celui de 1808 me paraît plus compatible avec l'ordre et la prospérité publique ; mais la liberté publique est incompatible avec tous les deux. Pour l'Université impériale, et plus encore pour l'Université de la troisième République les dissidences deviennent des *deloyautés*. En 1808, tout jeune Français devait accepter la foi catholique telle que l'avait définie le clergé gallican en 1682 et porter fidèle allégeance à la dynastie napoléonienne. En 1890, tout jeune Français doit cesser de croire en Dieu et à la vie future et porter fidèle allégeance à la troisième République.

En 1808, comme en 1890, c'est l'Église catholique qui se signala en revendiquant sur ce point les droits de la liberté. L'Empereur ayant rendu un décret, pour défendre l'admission dans une faculté de théologie catholique de tout candidat qui n'aurait pas le diplôme de bachelier de l'Université, la lutte s'engagea entre les préfets et les évêques comme elle s'est engagée depuis entre les préfets et les évêques. L'Empire tomba, mais l'organisation universitaire ne fut pas modifiée; elle se « cléricalisa », sans changer au fond de principe. Et les libéraux qui, sous la Restauration, protestaient à la fois contre l'Université et le clergé, trouvèrent, en 1830, que cette machine impériale avait tout de même ses bons côtés. M. Thiers alla même jusqu'à la proclamer « la plus belle création de Napoléon ». En 1833 cependant, M. Guizot, plus vraiment libéral que tous les autres, fit enfin voter une loi qui organisait, en fait, l'instruction primaire. Personne ne serait forcé d'envoyer son enfant à l'école; mais il y aurait dans toute la France des écoles où les enfants pourraient être instruits si leurs parents le désiraient. La loi de M. Guizot était une loi de liberté. Elle déclarait formellement dans son article 2 que « le vœu des pères de famille serait toujours consulté et suivi en ce qui concerne la participation de leurs enfants à l'instruction religieuse ».

M. Guizot ne faisait que mettre en pratique, en 1833, les principes qui l'avaient guidé en 1812, au début de sa carrière, quand il avait refusé de louer l'Empereur et que, trois ans plus tard, il avait développés, dans sa fameuse entrevue à Gand avec Louis XVIII. C'est dans cet esprit qu'il gouverna la France pendant son long ministère, et c'est à lui plus qu'à personne que doivent être attribués les progrès faits alors par la France dans la voie de la liberté, telle du moins que les Anglais et les Américains comprennent ce mot si souvent dénaturé.

Et maintenant qu'une oligarchie parlementaire cherche à détruire, au nom de l'unité morale du pays, tout ce qui a été fait en France pour la liberté de l'instruction, il n'est pas sans intérêt de voir que les principes de M. Guizot sont énergiquement défendus par les héritiers de son sang et de son nom, non seulement dans le Calvados, mais aussi dans le pays de ses ancêtres protestants.

Le Val-Richer sera au xxe siècle un lieu de pèlerinage pour les amants de la vraie liberté, comme La Brède l'est au xixe; mais le génie du lieu est plus personnel dans la demeure de Guizot que dans le berceau de Montesquieu.

Le Val-Richer peut invoquer une vieille histoire et d'anciens souvenirs; il n'en reste que peu de traces matérielles. Tel qu'il existe aujourd'hui, il est la création de l'homme dont le nom restera toujours lié au sien. C'est là que s'élevait la grande abbaye où Thomas Becket était venu chercher un refuge avant de retourner en Angleterre « pour jouer cette partie où les enjeux étaient des têtes ». Le parc, comme la maison, est l'œuvre de M. Guizot ; les moines avaient préparé la place, et M. Guizot qui a planté lui-même beaucoup des beaux arbres qui s'y trouvent a su profiter avec habileté de tous les mouvements du terrain. Je crois volontiers, avec le meilleur de ses biographes anglais, que les années qu'il a passées ici, à son retour de l'exil, doivent être parmi les plus heureuses de sa vie longue et bien remplie. Les pièces et les corridors remplis de livres, les allées verdoyantes, les grandes pelouses, tout rappelle l'incomparable description faite par Pline le Jeune de sa villa de Toscane.

Ceux qui imaginent que les convulsions et les cataclysmes sont l'essence même de la vie politique en France, auront bien de la peine à expliquer les relations qui ont existé, pendant tant d'années, entre le grand homme d'État protestant et les catholiques du Calvados. Ce n'était pas l'unité morale telle que la rêvent les incrédules. Mais M. Guizot et ses amis du Calvados n'en ont pas moins lutté ensemble pour la cause de l'ordre et de la liberté, et aujourd'hui encore c'est avec les catholiques du

Calvados que son gendre, M. Conrad de Witt, combat pour la même cause dans l'arrondissement de Pont-l'Évêque. Les catholiques du Calvados sont moins passionnés que leurs coreligionnaires de Bretagne ou de Poitou ; mais leur modération n'est point de l'indifférence. C'est parce qu'ils honorent leur religion et qu'ils la veulent respectée, qu'ils estiment la mémoire du grand ministre qui a déclaré sacré et inviolable le droit des parents sur l'éducation religieuse de leurs enfants.

Les deux filles de M. Guizot ont épousé deux frères, qui portent un nom illustre dans les annales de la liberté européenne. L'aîné de ces frères, M. Conrad de Witt, vit au Val-Richer, dont il a longtemps fait valoir la terre. La Société nationale d'Agriculture a reconnu les services qu'il a rendus à la région, en lui décernant sa grande médaille d'or. Conseiller général de son canton depuis 1861, il y a toujours été réélu ; nommé député du Calvados en 1885, il s'est représenté cette année devant ses électeurs. Le second gendre de M. Guizot, M. Cornelis de Witt, vient d'être enlevé, dans toute la force de son courage et de sa capacité, à l'affection de ses amis et à la cause de la liberté en France. Comme député, comme membre du gouvernement, il avait pris une part active au rétablissement des finances et à la réorganisation du pays, après les désastres de 1870. Comme régisseur des mines d'Anzin, comme vice-président du chemin de fer de Paris-Lyon, il se trouvait en relations constantes et suivies avec les classes laborieuses et les grands intérêts matériels d'une patrie qu'il aimait comme ses ancêtres avaient aimé la Hollande. Ce n'est pas ici que je puis parler des dons et du charme personnels qui feront vivre le nom de M. Cornelis de Witt dans la mémoire de tous ceux qui l'ont connu, mais je tiens à dire quelles étaient ses qualités comme citoyen et le poids que donnait à ses convictions politiques un jugement que n'altéraient jamais la passion ni les préjugés. Il n'était pas de ceux qui pouvaient se courber sous la domination jacobine ; les traditions de sa race comme son caractère le lui défendaient. Après avoir bientôt reconnu que la République conservatrice était impossible, il avait cherché pour son pays un refuge dans le principe héréditaire ; il voyait dans la Monarchie le salut de la France.

Les convictions politiques de M. Cornelis de Witt sont aujourd'hui défendues en Normandie par son frère, M. Conrad de Witt, et par son fils, M. Pierre de Witt, qui vient d'être élu conseiller général du Calvados ; dans le Midi par son beau-frère, M. Guillaume Guizot, et par son fils, M. Cornelis-Henri de Witt.

J'ai eu la bonne fortune de me trouver au Val-Richer, au moment de l'élection pour les conseils généraux. M. Conrad de Witt, député et conseiller général, avait annoncé qu'il renonçait à son second mandat en faveur de son neveu, M. Pierre de Witt, et bien que les républicains eussent déclaré leur intention de ne pas engager une lutte dans laquelle leur défaite était sûre, on affirmait que le préfet, M. de Brancion, avait reçu l'ordre de montrer son zèle dans une élection, qui était comme le prélude de la bataille du mois de septembre.

Empêcher ou diminuer le succès de M. Pierre de Witt, c'était compromettre la réélection de son oncle comme député, deux mois plus tard.

C'est le 28 juillet que le scrutin devait avoir lieu. L'animation était grande, non seulement au Val-Richer et dans la famille, mais dans tous les environs. Pendant la journée du samedi, les nouvelles apportées des divers coins du canton étaient toutes les mêmes: il n'y aurait pas de bataille; le seul candidat républicain possible avait refusé d'engager la lutte; c'était un honorable médecin qui devait son influence locale aux soins gratuits donnés par lui aux pauvres de sa commune : « Tout de même, disait avec énergie un agent volontaire qui venait d'arriver, il faut que tout le monde aille voter; leur jeu est bien simple : ils veulent faire croire que nous ne nous intéressons pas aux élections de septembre; ça ne réussira pas. » « Et puis, disait un jeune fermier, à la figure intelligente et aux yeux brillants, qu'on aurait pu prendre pour un cultivateur du Yorkshire, je ne me fie guère à la République tant qu'elle ne sera pas enterrée ; le préfet veut nous jouer un tour, mais il ne nous prendra pas endormis ! »

Mon brave fermier avait raison ; le dimanche matin, de très bonne heure, accourait au Val-Richer un messager envoyé de Bonnebosq par un jeune homme ardent à la bataille. La veille au soir, les agents républicains s'étaient répandus dans tout le canton, annonçant qu'au dernier moment M. Pierre de Witt s'était décidé à retirer sa candidature. Il fallait voter pour le D^r X, dont l'élection était assurée.

Le scrutin devant être ouvert de 7 heures du matin à 6 heures du soir, il n'y avait pas de temps à perdre pour démentir ces inventions ; des hommes furent envoyés aussitôt dans tout le canton pour rétablir la vérité.

M. Conrad de Witt, en sa qualité de maire, devait passer toute la journée au bureau de vote de la petite mairie de Saint-Ouen-le-Pin, qui se trouve non loin de l'église. J'y ai été, en me promenant, avec M. Pierre de Witt et l'un de ses parents, et nous avons passé par de charmants chemins creux aussi ombragés que ceux du Devonshire. La messe n'était pas terminée lors de notre arrivée, les chants religieux retentissaient encore. Et dans un petit coin du cimetière, près de l'église où se célèbre le culte catholique, M. Guizot dort du dernier sommeil, dans le simple tombeau de sa famille. N'y a-t-il pas là une harmonie morale plus vraie et plus saine que la prétendue unité morale des républicains?

La guerre religieuse choque les Normands, sans éveiller chez eux la ferveur fanatique qu'elle suscite dans certains coins de la France, mais elle les blesse et elle est contraire à leurs intérêts. En sortant de l'église où ils ont écouté la messe, les fermiers se réunissent, ils causent de leurs affaires; souvent séparés pendant toute la semaine, ils se rencontrent et ils s'entretiennent. « L'église, c'est la clef du commerce, il ne faut pas y toucher, » disait à M. de Witt un cultivateur normand. La France se portera-t-elle mieux si l'on ne peut plus se trouver ensemble que dans les cabarets ou les tripots?

Vers le milieu du jour, nous nous sommes rendus à Bonnebosq, M. Pierre de Witt et moi; ce joli petit bourg, situé à six kilomètres du Val-Richer, avait l'air animé et joyeux dans cet après-midi de dimanche; on y compte environ mille habitants. L'église, qui vient d'être rebâtie dans le style ogival, fait grand honneur à son architecte. Malgré la manœuvre de la fin, on se croyait sûr à Bonnebosq du résultat de l'élection. « Ils seront battus comme plâtre, » disait une brave femme, pleine d'ardeur et de bon sens. « Le docteur X..a joué là un bien vilain jeu; il devrait en être honteux et je suis sûre qu'il l'est, » ajoutait-elle avec un clignement d'yeux amusant. « Il aurait mieux fait de se conduire plus honnêtement. » Cette brave femme était la mère du courageux volontaire qui avait fait prévenir le matin M. Pierre de Witt du tour tenté par les républicains; c'était un type modèle d'une mère de famille normande, tranquillement fière de l'intelligence et de l'activité de son fils et aussi passionnée que lui pour l'élection.

On ne vote pas en France comme en

Amérique dans des urnes en verre qui rendent les tripotages beaucoup plus difficiles. L'urne électorale n'est, en somme, qu'une boîte en bois exposée à bien des dangers. Comme je signalais cette différence à un fermier dont le teint était vermeil et la blouse bleue d'une propreté immaculée, ce brave Normand, qui dans une commune surveillait le scrutin avec beaucoup de soin, fut ravi de ma remarque.

« Voilà ce qu'il nous faudrait, s'écria-t-il. Cela les enragerait et ils ne pourraient plus frauder. Mais ils ne nous donneront pas des boîtes en verre! Et pourtant, monsieur, un maire qui a de larges manches et qui connaît bien sa commune peut glisser bien des bulletins qui changent le vote. »

Je remarque, en effet, qu'un adversaire qui tient les urnes a un moyen bien simple d'enlever des voix au candidat qu'il combat, en faisant déposer dans l'urne plus de bulletins qu'il n'y a de votants constatés par les listes d'émargement. La loi ordonne que tout bulletin trouvé en sus des émargements sera annulé.

Le dîner fut très gai au Val-Richer, le soir de l'élection; les résultats des communes voisines prouvaient tous que le tour des républicains avait exaspéré les électeurs et les avait amenés en plus grand nombre au scrutin. La soirée était magnifique, l'entrain était grand, les heures passaient joyeusement au son de la musique; l'on aurait dit que le parc était peuplé de petits lutins dont les têtes blondes et les yeux rieurs se montraient au tournant des allées.

Dès dix heures, il était certain que la majorité obtenue par M. Pierre de Witt serait trop considérable pour pouvoir être escamotée et qu'en engageant subrepticement la lutte, les républicains n'auraient abouti qu'à mieux prouver leur faiblesse. Il ne manquait plus que le résultat de deux importantes communes, Cambremer, le chef-lieu de canton, et Beuvron-en-Auge. A minuit et demi une joyeuse clameur se fit entendre dans le vestibule. Une députation d'électeurs dévoués arrivait de Cambremer et Beuvron pour annoncer les dernières nouvelles. Le dépouillement avait été long et les distances étaient grandes, mais le résultat était excellent. M. Pierre de Witt était élu par 1042 voix contre 140 accordées au médecin son compétiteur !

L'un de ces messagers aurait pu poser pour une statue de Guillaume le Conquérant se préparant à envahir la France, pour faire repentir le roi d'avoir plaisanté sa grosseur. Bien qu'il fût encore fort jeune, il devait bien peser *quatre cents livres*. Il était accouru à toute vitesse, dans une petite voiture, pour féliciter son candidat. Les chevaux normands sont très forts !

Tout s'était partout fort bien passé. On ne signalait aucun incident. Dans une commune, le général Boulanger avait obtenu une voix. En racontant divers détails de l'élection, le géant venu de Beuvron était secoué d'un rire formidable et bon enfant. « Les autres étant trop battus pour pouvoir rien dire, disait un électeur, ils n'ont pas osé protester quand nous avons applaudi pour M. de Witt. Vive le comte de Paris ! »

La victoire de M. Pierre de Witt, au mois

de juillet, avait été trop complète pour laisser au gouvernement aucune tentation de la contester ; et pourtant la loi lui donne bien des occasions pour se livrer aux tripotages électoraux.

Parmi ces tripotages, je placerai en première ligne ce que nous appellerions aux États-Unis le « *gerrymander* » officiel. La chose peut se passer dans tous les pays ; mais le nom est dû aux savantes opérations jadis effectuées par M. Elbridge Gerry, qui fut vice-président de l'Union. Cet habile homme avait découpé le Massachusetts en sections si ingénieusement combinées qu'il réussissait à transformer en majorité la minorité. Le tracé de ces circonscriptions fantastiques formait une figure qu'un adversaire déclarait ressembler à une salamandre. « Ce n'est pas une *salamandre*, c'est une *gerrymandre* », disait un autre en faisant allusion au nom de l'auteur de la transformation. Jeu de mots difficile à rendre en français, mais opération facile à imiter, puisque la loi française permet au préfet de sectionner les grosses communes, sous prétexte « de rapprocher les électeurs du lieu du scrutin ».

Quand le sectionnement ne suffit pas, le gouvernement a encore bien des moyens pour *contrôler* le scrutin. Quand le résultat du vote a été annoncé dans une commune, deux des assesseurs doivent porter le procès-verbal du scrutin au chef-lieu du canton où le recensement général des votes a lieu, et le résultat est proclamé par le président du bureau du chef-lieu qui adresse tous les procès-verbaux et les pièces au préfet. Dans toutes ces allées et venues, il peut arriver bien des aventures aux listes d'émargement, aux bulletins contestés, aux additions elles-mêmes.

Aux élections de septembre 1889, l'administration tenta un effort désespéré pour rompre le solide faisceau de la députation conservatrice dans le Calvados. En 1885, les républicains n'avaient pas pu mettre la main sur un seul des sept sièges qui reviennent au département; en 1889, les sept sièges sont encore occupés par des adversaires du gouvernement. Il y a quatre ans, avec le scrutin de liste, la majorité obtenue par les conservateurs avait été de plus de 17,000 voix.

En 1889, les candidats conservateurs réunis ont eu une majorité de 20,000 voix. La majorité conservatrice a donc augmenté, bien que le nombre des votants ait diminué.

Quelque temps après les élections, j'ai signalé à M. Conrad de Witt un article que venait de faire paraître, dans une revue anglaise, un écrivain protestant, M. Monod. D'après cet article, le succès des monarchistes dans le Calvados, en 1889, était dû surtout à la mauvaise récolte des pommes. Le député protestant de Pont-l'Évêque s'est contenté de me répondre, avec un sourire tranquille mais expressif : « Ah! je crois que nous sommes plus forts que ça. »

Dans l'arrondissement de Pont-l'Évêque lui-même, la lutte a été tellement vive que le préfet du département, M. de Brancion, n'a pas hésité à signer et à publier une lettre contre le candidat monarchique, bien que la loi défende aux fonctionnaires d'intervenir ainsi dans la lutte. M. Léon Say qui s'était décidé, au même moment, à renoncer à son mandat sénatorial pour briguer un siège de député, dans l'espoir assez peu fondé de devenir maître de la situation, a pris part à la bataille contre M. de Witt, par l'envoi d'un télégramme où il cherchait à expliquer un discours prononcé par lui au Sénat sur les nouvelles dépenses scolaires. Tous ces efforts ont été inutiles, M. de Witt a été réélu par 6,972 voix contre 5,189 et, si je reviens sur ces faits, c'est pour indiquer comment les républicains comprennent le maniement des élections.

Si la question des pommes ne suffit pas pour expliquer le succès des conservateurs dans le Calvados, elle n'est point cependant sans importance politique, car elle se rattache à la célèbre querelle des *bouilleurs de cru.*

Depuis bien longtemps, les cultivateurs normands ont l'habitude de fabriquer chez eux de l'eau-de-vie, en faisant bouillir le cidre ou le poiré brassé avec les pommes ou les poires provenant de leurs propres récoltes. D'après un relevé du ministère des finances, on compte en France plus de cinq cent mille bouilleurs de cru, et, en Normandie plus que partout ailleurs, les fermiers tiennent essentiellement à ce que leurs adversaires appellent un *privilège* et à ce qu'eux déclarent être un *droit*. Ils fabriquent une liqueur appelée le *Calvados*, qui, parvenue à un certain âge, est bien plus buvable et bien moins malsaine que la plus grande partie du cognac d'aujourd'hui.

En 1872, après les désastres de la guerre, sur la proposition de M. Wilson et grâce à l'influence de M. Thiers, une loi fut votée qui soumettait les bouilleurs de cru à des impôts aussi lourds qu'inquisitoriaux. Cette mesure fut plus dure pour les fermiers qu'elle ne fut profitable pour le Trésor. Les bouilleurs de cru n'allumèrent plus leurs *chaudières*, et la production de l'alcool qui s'était élevée pendant les trois années précédant la loi à 1,199,000 hectolitres, ne fut plus, pendant les trois années où la loi fut appliquée, que de 165,000 hectolitres, pour remonter à 301,000 hectolitres dans les trois années suivantes.

En 1875, les bouilleurs de cru obtenaient enfin gain de cause, grâce surtout aux efforts éloquents de M. Bocher; mais les déficits croissants amenés dans les budgets par l'administration républicaine devenaient la cause d'une nouvelle menace pour leur indépendance; leur adversaire, M. Wilson, avait succombé à la suite de tous ses trafics, mais M. Carnot avait été élu président de la République, et M. Carnot comme ministre des finances avait été l'auteur d'un projet de loi sur les bouilleurs de cru qu'on ressortait des cartons en 1888 et qui, repoussé alors, vient d'être mis de nouveau en avant.

Cette loi demande que la *bouillerie* et les bâtiments qui en dépendent soient ouverts *de jour et de nuit* aux employés de la régie. Pour beaucoup de fermiers, la *bouillerie* fait partie de leur propre maison; c'est leur domicile privé qui se trouve ainsi ouvert aux investigations toujours indiscrètes d'agents parfois entreprenants.

Les Normands n'ont guère plus de goût que les autres hommes pour les *collecteurs de taxe*, mais ils ont, en plus, ce respect superstitieux du domicile qui est si enraciné chez les Anglais. Il faut qu'un homme soit maître chez lui, et l'intervention des employés du gouvernement les exaspère et semble une violation de leurs vieilles coutumes. « Que ces avocats et ces médecins de Paris nous laissent donc tranquilles ! me disait un fermier.

» Qu'ont-ils donc à faire chez nous? Qu'ils fassent des lois pour toute la France et qu'ils n'inventent pas des impôts qui n'atteindraient qu'une partie des Français. »

Il y avait certainement des bouilleurs de cru parmi les auditeurs qui, il y a deux ans, acclamaient M. Bocher, lors du banquet qui lui était offert à Pont-l'Évêque par les cultivateurs du *Pays-d'Auge*.

M. Bocher, aujourd'hui sénateur, est, m'assure-t-on, la *bête noire* de la troisième République en Normandie. Nommé préfet du Calvados sous M. Guizot, sa longue et honorable carrière administrative lui a conquis l'estime de tous dans le département. Sa profonde connaissance de l'histoire politique de sa patrie, la ferme clarté de son jugement, l'affirmation constante, sans crainte comme sans violence, de ses convictions, son habileté pour juger les hommes doivent lui faire beau jeu dans la lutte contre les politiciens mal élevés et mal armés qui combattent, depuis quelques années, en tête des bataillons républicains.

Le discours prononcé à Pont-l'Évêque par M. Bocher contient un passage qui a soulevé l'enthousiasme des assistants et que je tiens à citer parce qu'il renferme une éloquente réfutation de la théorie d'après laquelle tout doit être basé, dans un pays, sur le principe électif. Ce principe est-il donc supérieur, au principe héréditaire? se demandait M. Bocher, et il ajoutait :

« Eh bien ! il y a encore peu de temps, siégeait à l'Élysée un président, élu deux fois; il ne s'était montré soucieux du bien qu'il pouvait faire, ni du mal qu'il aurait pu empêcher. Mais, dans sa charge oisive, il représentait l'austérité, la vertu républicaine ! Pourquoi cependant, et comment a-t-il été dépossédé, précipité, avant le temps, du pouvoir que la Constitution lui avait garanti?... par le cri de la conscience publique, révoltée des scandales dont il avait été, sinon le complice intéressé, le témoin complaisant et coupable.

» Était-ce donc là le plus digne?

» Et celui qui lui a succédé, était-ce le plus capable? »

Je ne sais si les raisons qui ont fait triompher les conservateurs dans le Calvados sont partout puissantes, mais elles doivent exister dans le département de l'Eure, ou tout au moins dans l'arrondissement de Bernay, qui a donné au candidat conservateur une majorité de plus de 5,000 voix sur 12,700 votants aux dernières élections. N'est-ce pas aussi dans cet arrondissement qu'habite l'un des hommes les plus remarquables de la France contemporaine, l'un des champions les plus déterminés de la monarchie constitutionnelle : le duc de Broglie?

L'une des principales causes de faiblesse du parti royaliste en France tient à ce fait que, dans l'esprit des masses, on associe trop facilement l'idée monarchique avec les souvenirs de Versailles et les excentricités du *high_life* moderne.

On oublie que les gens dominés par la passion du *high life* ne sont ni royalistes ni républicains ; ils se contentent d'obéir à un mobile vulgaire, comme les gens du *high life* de tous les pays. Il n'en est pas moins regrettable que des jeunes gens, dont le nom est lié à l'histoire de France, aillent lutter dans des cirques comme athlètes ou se promènent au Bois comme grooms de quelque beauté du demi-monde, et leur folie n'est pas sans causer du tort aux principes que leur famille a toujours servis. J'ai déjà cité le rapport du Comité des cercles catholiques dans lequel on reprochait aux classes supérieures leur indifférence et leur paresse ; ce reproche est vrai au point de vue politique comme au point de vue social. On ne peut pas l'adresser aux Broglie.

Depuis plus de deux siècles, le nom de Broglie est devenu historique en France ; il ne doit sa célébrité ni à la faveur des princes ni aux applaudissements de la foule, mais à l'habileté, au caractère, aux services rendus. Si jamais un homme mourut pour la cause de la loi et de la liberté, ce fut bien Victor-Charles de Broglie en 1794. Fils de ce maréchal de Broglie que Carlyle appelle emphatiquement le dieu de la guerre, il avait appris en Amérique à vénérer le nom de Washington, et s'était refusé en France, comme chef d'état-major de l'armée du Rhin, à reconnaître les usurpateurs du 10 août 1792. La lettre qu'il avait écrite alors, modèle de bon sens et d'honneur militaire, permit au grand Carnot de faire, comme commissaire de la Convention, un rapport qui ne comptera beaucoup, ni pour son cœur ni pour son intelligence.

Victor-Charles de Broglie fut guillotiné. Avant de mourir, sa dernière recommandation à son fils, âgé de neuf ans, fut de ne jamais rendre la liberté responsable du meurtre de son père. L'enfant devint un homme et un homme célèbre, il n'oublia jamais cette parole. Sans aimer la responsabilité du pouvoir, il ne recula jamais devant elle. Son oui était oui et son non était non, dans la vie politique comme dans la vie privée. Pair de France sous la Restauration, son premier acte fut de protester contre la condamnation du maréchal Ney. Ministre de Louis-Philippe, il risqua sa popularité et son portefeuille pour rendre aux États-Unis d'Amérique une compensation loyale du tort fait à leur commerce par les mesures illégales de la République ou de l'Empire. Il ne se rallia pas plus au gouvernement de Napoléon III que son grand-père le maréchal ne s'était rallié au gouvernement de Napoléon Ier; mais il ne prétendait pas, comme les républicains, que l'Empire fût imposé à la France, malgré elle, par la violence. « C'est, disait-il, le gouvernement que désire la masse de la nation et que méritent les classes supérieures ».

Allié fidèle de Clarkson et de Wilberforce dans leur campagne pour l'émancipation des esclaves, le duc de Broglie marcha à la tête de ses compatriotes dans cette noble croisade. Né et élevé dans le sein de l'Église catholique, il épousa la charmante et admirable fille de Mme de Staël et fut l'ami intime de M. Guizot.

Son fils, le duc actuel, a grandi dans une atmosphère de liberté. La loi de 1875 restreignant le monopole de l'État sur l'instruction supérieure a été inspirée par lui, et a concentré contre lui toutes les forces de l'élément antireligieux. Pour renverser le duc de Broglie et le maréchal de Mac-Mahon, Gambetta et ses coalisés ont tout fait, en 1877, pour anéantir en France le pouvoir exécutif. Je crois bien qu'ils y ont réussi, mais qu'en le faisant ils ont rendu la République conservatrice impossible. Si aujourd'hui, en France, les hommes sensés et modérés n'ont d'autre alternative que la monarchie ou l'anarchie, à qui la faute? Et dira-t-on que c'est par un simple effet du hasard que le drapeau de la monarchie constitutionnelle est aujourd'hui défendu par les descendants de Montesquieu, les héritiers de Guizot et le fils du duc Victor de Broglie.

Broglie, comme le Val-Richer et comme La Brède, aura toujours un grand intérêt pour les Américains. C'est à La Brède qu'est né le vaillant petit-fils de Montesquieu, ce brave Secondat qui a combattu aux côtés de Custine pour l'indépendance des États-Unis; c'est au Val-Richer que M. Guizot a tracé le meilleur portrait que nous ayons de Washington; c'est à Broglie qu'a vu le jour le noble soldat qui, après avoir lutté pour la liberté en Amérique, est mort à Paris, sous la Terreur, pour la cause de la liberté.

Le château de Broglie s'élève tout à côté du joli bourg du même nom; l'une des grilles du parc s'ouvre sur le bourg. Le parc est très grand et bien planté ; il rappelle plus les jardins italiens que les jardins anglais. Grâce au mouvement du terrain, on y jouit d'une vue charmante sur la rivière et sur la vallée. De beaux arbres aux épais feuillages ombragent les allées remarquablement tracées. Le château lui-même peut dater de la guerre de Cent ans, dans ses parties les plus anciennes; il a même subi plus d'un siège des Anglais, mais la longue façade et les principaux bâtiments ont été construits au XVIIe et au XVIIIe siècle. De nombreuses restaurations ont eu lieu depuis cent ans, mais l'aspect général est le même qu'en 1789 et prouve, mieux que bien des phrases, les bonnes relations qui ont existé avant la révolution entre le *château* et la *chaumière*.

Si le *château* avait eu à craindre les attaques de la *chaumière*, les grandes fenêtres de la façade ne descendraient pas jusqu'au sol et ne s'ouvriraient pas comme des portes. Le château de Broglie, comme beaucoup des châteaux d'alors, ne ressemble pas plus à une forteresse féodale qu'à une villa romaine du premier siècle. Il serait moins facile à défendre que les châteaux construits en Angleterre, même sous le règne de la reine Anne.

A l'intérieur, les grands salons, le vestibule, la magnifique bibliothèque, sont bien en rapport avec les traditions d'une famille qui, depuis deux siècles, a tant contribué à l'histoire de France et fourni à sa patrie plusieurs générations successives de maréchaux et d'hommes d'État.

Les officiers dressés à l'école du vieux maréchal de Broglie ont plus fait, en 1792, pour sauver la France de l'invasion que toutes les déclamations des démagogues de la Convention. Le gouvernement du maréchal, à la tête duquel se tenait le duc de Broglie actuel, a plus fait pour rétablir l'ordre, pour refaire l'armée et les finances du pays après la guerre que M. Gambetta, M. Jules Ferry et tous leurs amis.

La troisième République a renchéri sur le mot de Cambon en 1793 : *Guerre aux châteaux, paix aux chaumières.* Elle fait, au point de vue social, la guerre aux châteaux ; elle fait la guerre aux chaumières, au point de vue religieux et financier. Mais, si la Terreur et les excès de toute nature qui l'ont suivie avaient créé en France des haines de classe qui n'existaient pas au début du xviiie siècle, la guerre de 1870 a beaucoup fait pour réparer un tel état de choses. Les légitimistes qui, sous l'Empire, s'étaient tenus à l'écart des fonctions publiques, sont tous sortis de chez eux pour défendre le sol natal menacé. Un jeune et distingué officier du génie, héritier lui-même d'une ancienne famille, me disait à Dijon que l'on pouvait trouver aujourd'hui, dans l'*Annuaire militaire*, encore plus de noms rappelant la vieille France qu'on n'en voyait avant 1789.

Les républicains devraient se réjouir de

cette tendance, mais ils y voient un obstacle à l'unité sociale telle qu'ils la comprennent. Le duc de Chartres n'a-t-il pas dû se cacher sous le nom de Robert le Fort pour pouvoir combattre pour son pays? L'un des meilleurs militaires qu'ait la France, le général Schmidt, ne s'est-il pas vu frapper par le ministre de la guerre, sous M. Grévy, parce qu'il ne défendait pas à ses officiers d'accepter les invitations que leur adressaient les propriétaires des beaux châteaux de la Touraine? Je n'ai pas oublié ce que m'a raconté le marquis de La Rochejacquelein, un jour que nous nous rendions ensemble à la charmante maison de la Basse-Motte, pour voir le général de Charette. Il me disait que, pendant les grandes manœuvres, un général de cavalerie avait interdit aux officiers de sa brigade de se rendre à l'invitation de M. de La Rochejaquelein, invitation qui avait été adressée au général comme à ses officiers. Que dirait-on, en Angletere, si un ministre de la guerre protestant s'avisait de refuser aux officiers d'une garnison le droit de dîner avec un catholique ou avec un dissident?

Mais, en France, ce ne sont point des caprices, c'est une politique. Je n'en ai pas vu d'exemple plus frappant que les attaques dirigées, il y a quelques années, contre M. Morton, alors ministre des États-Unis à Paris et aujourd'hui le vice-président de l'Union, à l'occasion d'un dîner qu'il avait donné au comte de Paris.

Le comte de Paris et son frère, le duc de Chartres, ont combattu dans les rangs de l'armée américaine comme attachés à l'état-major général. Ils sont les petits-fils d'un roi qui a longtemps entretenu des relations amicales avec la République des États-Unis. Le comte de Paris lui-même a écrit l'histoire la plus complète, la plus soignée, la plus impartiale de nos guerres civiles. Et le ministre des États-Unis s'est trouvé exposé aux vulgaires attaques d'une presse violente, pour avoir témoigné son respect à un prince qui a tant de titres à l'estime des Français comme des Américains.

Je parlais tout à l'heure des relations qui ont existé en France, à diverses époques, entre les châteaux et les chaumières. L'histoire du château d'Eu, où le comte de Paris vivait avant de quitter sa patrie, renferme à cet égard d'utiles renseignements. Ce château était jadis une vraie forteresse; qui le dirait aujourd'hui? Dès le xive siècle, Raoul de Brienne, comte d'Eu, s'engage à n'employer aucun ouvrier, « sauf de son plein gré et pour de bons gages ». Le grand duc de Guise, qui rebâtit ensuite le château, met bas la plus grande partie des fortifications. Sa veuve, Catherine de Clèves, y vit dans les meilleurs termes avec les populations d'alentour, et quand, vers le milieu du xviie siècle, l'héritier ruiné des Guise doit vendre la propriété, la *Grande Mademoiselle* qui l'achète devient la providence du pays. La fille remuante et ambitieuse de Gaston d'Orléans fonde des hôpitaux et des asiles; elle secourt tous les malheureux. En 1789, le château appartient au duc de Penthièvre, grand-père du roi Louis-Philippe; il y meurt regretté de tous les habitants qui n'ont pas troublé son repos, pendant les premiers excès de la Révolution. La Terreur survient, on confisque les hôpitaux fondés par la Grande Mademoiselle; on jure, par ordre du Directoire, haine à la Monarchie; — mais que reste-t-il de toutes ces folies? Les habitants d'Eu en ont-ils moins respecté Louis XVIII et Louis-Philippe? N'est-ce pas à ces princes et à leur représentant, le comte de Paris, qu'Eu doit la restauration de ses belles églises et de ses monuments? « Et, me disait encore un excellent habitant de la ville, n'avons-nous pas vu la reine d'Angleterre et son mari rendre, à Eu, visite au roi Louis-Philippe, nous rappelant ainsi les grands jours de la Normandie? Quand le comte et la comtesse de Paris habitaient ici, le parc et les jardins faisaient notre orgueil et notre plaisir. C'est le comte de Paris qui a fait venir à ses frais l'eau qui alimente ces fontaines et qui sert à toute la ville. Chaque année, sa présence attirait chez nous une foule de gens qui venaient pour le voir. Quel bien avons-nous retiré de son exil et du départ de la comtesse de Paris? Et je vous en donne ma parole, pour nous au moins, il n'y aura pas de plus beau jour que celui où nous verrons revenir, comme Roi et comme Reine, le prince et la princesse dont la présence nous était si utile et si agréable. Nous sommes royalistes parce que nous connaissons le comte de Paris, parce que nous savons qu'il ferait son devoir comme souverain d'un peuple libre et qu'il nous servirait mieux que cette foule d'aventuriers besogneux. Et puis nous sommes lassés de la persécution religieuse ; nous ne sommes pas des gens que les curés puissent mener, mais nous voulons la liberté et l'économie. » — De tout ce que je viens de voir, un fait ressort, ce me semble, avec évidence : les chefs du parti monarchique sont personnellement supérieurs aux chefs du parti républicain. Il y a en France, parmi les gens capables, une majorité d'opposition contre le gouvernement actuel. Beaucoup, et je crois le plus grand nombre, sont convaincus que la France ne pourra être sauvée de l'anarchie et du démembrement que par la Monarchie ; d'autres voudraient, sans toucher au nom de la République, faire de la constitution une constitution monarchique ; il faudra bien que les seconds se décident à s'unir aux premiers, car aujourd'hui les radicaux sont les vrais maîtres du gouvernement. Sur les 331 républicains que compte la Chambre actuelle, les radicaux ont fait élire 101 députés. Au premier tour de scrutin, ils n'avaient guère eu que le quart des sièges acquis à la République ; au second tour, ils en ont obtenu près de la moitié. Si demain les radicaux votaient contre le gouvernement, le gouvernement serait renversé ; ils comptent parmi leurs chefs le propre président de la Chambre, M. Floquet, emprisonné en 1871 pour sa participation à la Commune et qui, en 1876, votait pour l'amnistie pleine et entière de ses anciens amis. Avec M. Floquet comme président de la Chambre, M. Carnot et ses ministres sont à la merci non seulement des radicaux, mais de leurs alliés, les communeux.

CHAPITRE XIII

DE MARSEILLE A BORDEAUX.

Marseille et les Bouches-du-Rhône. — M. Fournier. — Catholiques et protestants. — Le Gard. — Procédés électoraux. — Le Lot-et-Garonne. — Nérac. — Un déjeuner de maires à Peyreguilhot. — « Charité excessive ». — Il faut parler aux imaginations. — Le duc d'Orléans. — Les conférences. — La Gironde. — France et République. — M. Renan et M. Jules Simon. — Conclusion.

Le rôle joué par les radicaux dans la troisième République n'est nulle part plus sensible que dans le département des Bouches-du-Rhône. Je montrais tout à l'heure dans le Calvados les républicains de gouvernement battus par les conservateurs ; à l'autre bout de la France, les républicains de gouvernement ont été battus par les radicaux et les socialistes. Les vainqueurs ne sont pas les mêmes, mais les amis de M. Carnot et de M. Ferry ont subi un même échec. Dans l'ensemble des Bouches-du-Rhône, les radicaux et les socialistes ont obtenu 52,000 voix et les partisans de la République telle qu'elle existe 7,000. A Marseille même, les boulangistes ont obtenu près de deux fois, et les monarchistes plus de deux fois autant de voix que les amis du gouvernement. Quelque temps avant les élections, j'avais entendu, en traversant la ville, une amusante discussion entre deux cochers de fiacre : « Je te dis que Boulanger est le seul homme en France », disait l'un. — « Et moi, je te dis que ce n'est qu'un croupier de mauvais aloi. » Mot curieux dans la bouche d'un homme du peuple, qu'il avait peut-être ramassé dans les colonnes du *Petit Marseillais*, l'un des journaux les mieux faits de France, mais qui me semble résumer l'opinion des socialistes sincères non seulement sur le général mais sur les politiciens, hier ses amis intimes, aujourd'hui ses ennemis acharnés.

M. Fournier, le plus actif et le plus ardent des royalistes que j'aie rencontrés à Marseille, m'affirma que dans cette ville les radicaux détestent plus encore les opportunistes que les monarchistes.

Comme grand industriel, M. Fournier se trouve en relations constantes avec les classes ouvrières; comme catholique zélé, il a contribué à la création des associations chrétiennes parmi les travailleurs qu'il employait. Six cents hommes et quatre cents femmes sont occupés chez lui à fabriquer de la stéarine, de l'oléine et de la glycérine. 20 millions de paquets de bougies, 3,300,000 kilos d'oléine, 1 million 200,000 kilos de glycérine, telle est la production annuelle de cet établissement, qui est certainement, dans le monde, le plus considérable de son espèce.

Les ouvriers de M. Fournier gagnent en moyenne 3 fr. 25 à 3 fr. 50 par jour; les ouvrières, environ 2 fr. 50. Hommes et femmes travaillent dix heures par jour. Les corporations ouvrières qui existent ici sont organisées d'après les principes, mais non d'après les règlements de celles fondées par M. Harmel. Elles sont formées par la réunion de cinq associations religieuses créées parmi les hommes, les femmes mariées, les jeunes gens, les jeunes filles et les enfants. La bonne conduite est nécessaire pour faire partie de ces associations qui ont fondé, sous la direction d'un Conseil d'administration, une Société de consommation. Cette Société possède des fourneaux économiques, une salle de récréation, une bibliothèque circulante. Les fourneaux économiques peuvent fournir la nourriture aux ouvriers qui, sans faire partie de l'association, sont employés dans l'établissement. Pour 55 centimes, ils ont un bol de soupe, une forte part de viande et de légumes, une demi-livre de pain et le tiers d'une bouteille de vin. Le café et le cognac qui est bon coûtent 25 centimes en plus. Les secours médicaux et les remèdes sont donnés gratuitement aux ouvriers. Tout ouvrier qui est depuis deux ans dans la fabrique reçoit, s'il tombe malade, une pension hebdomadaire de six francs pendant sa maladie. Une caisse d'épargne, ouverte à tous les travailleurs de l'établissement qu'ils fassent ou non partie des corporations, donne un intérêt de 6 0/0 pour les sommes inférieures à 3,000 francs et de 4 0/0 pour les sommes supérieures. Au mois d'août de l'an dernier, une Société musicale a été fondée.

C'est ainsi que M. Fournier et d'autres catholiques dévoués livrent sur le terrain pratique le bon combat contre le radicalisme socialiste. La bataille est difficile, mais ceux qui l'ont engagée ont de la vie, de l'ardeur, et des convictions.

Les protestants comme les catholiques auraient intérêt à combattre le radicalisme triomphant, car comme les catholiques ils sont menacés dans leurs libertés. Les séminaires protestants sont atteints comme les séminaires catholiques; les Consistoires et les Conseils presbytériens n'ont plus le droit de recevoir les legs et les donations; les pasteurs se voient retirer les indemnités de logements qui leur étaient accordées dans les communes dépourvues de presbytères.

Aussi n'ai-je pas été surpris de trouver dans le Gard, M. Guillaume Guizot, fils du grand homme d'État protestant, aussi ardent pour la lutte électorale que les catholiques du Morbihan ou de la Champagne.

Bien que M. Guizot eût adopté le Calvados pour sa résidence, il était originaire du Midi.

Il était né à Nîmes où son père était avocat. Une vieille charte de 1476, restée longtemps en vigueur, attribuait aux avocats la première place de « consul », dans l'organisation municipale de la cité. Le père de M. Guizot avait adhéré au mouvement de 1789; il mourut sur l'échafaud, victime de la Terreur, et depuis le jour de sa mort sa veuve ne quitta jamais le deuil.

La ville d'Uzès, près de laquelle M. Guillaume Guizot habite dans une agréable maison de campagne, est une ville vraiment pittoresque et curieuse. L'arrondissement où elle se trouve a vaillamment lutté pour la cause conservatrice. Dans l'ensemble du département du Gard, les républicains ont perdu du terrain depuis 1885. Leur majorité qui avait été alors de 5,910 voix n'est plus que de 2,062 en 1889; aucun député monarchiste n'avait pu passer en 1885, deux députés monarchistes ont été élus en 1889. La seconde circonscription d'Alais a donné au candidat royaliste une majorité de 1,300 voix sur les forces réunies du boulangisme et de la République; résultat intéressant dans un arrondissement qui renferme tant d'ouvriers et de mineurs. Dans la première circonscription de Nîmes, M. de Bernis, jadis condamné à la prison pour avoir protesté contre la persécution religieuse, a battu les républicains et les socialistes obtenant sur leurs deux candidats une majorité de 57 voix.

Il y a certainement des protestants dans cette majorité. Et pourtant Nîmes conserve encore le souvenir des luttes sanglantes causées par les passions religieuses. M. Guillaume Guizot me racontait que son père cherchait un jour à convertir un protestant aux idées de tolérance. « Comment pouvez-vous me demander d'oublier? répondit ce dernier. Voyez-vous l'homme qui passe. Il a participé au meurtre de mon père dans les rues de Nîmes en 1815. »

Un Nîmois auquel je demandais quelque temps avant les élections si les radicaux avancés étaient nombreux à Nîmes, me répondait que pour lui le quart des républicains de la ville étaient socialistes. J'ai rencontré, moi-même, en visitant l'amphithéâtre, un ouvrier mécanicien habile, à ce qu'il m'a semblé, et dont les théories étaient très nettes. A ses yeux, la propriété n'est qu'un privilège incompatible avec l'égalité. A quoi bon abolir l'hérédité des titres si un homme peut transmettre à son fils des biens que ce fils n'a rien fait pour gagner. Si Saint-Just a dit que « l'opulence était une infamie, » il a eu raison. Quant au gouvernement de la République, il n'était composé que de Wilsons. Qu'est-ce que Hude qui, lorsqu'on va vérifier si ses vins ne sont pas frelatés, refuse l'entrée de ses caves, sous prétexte qu'il est député ? Comme marchand de vin, il doit aimer les pots-de-vin ! D'après mon interlocuteur, les socialistes étaient plus nombreux dans la première circonscription d'Alais qu'à Nîmes. J'ai pu constater que l'évenement lui a donné raison.

J'ai déjà parlé des procédés grâce auxquels les républicains avaient obtenu leur fragile majorité. Ces procédés ont peut-être été plus perfectionnés dans le Midi que partout ailleurs. Dans le département de l'Hérault, on a fabriqué l'élection de M. Ménard Dorian contre M. Leroy-Beaulieu, en admettant tous les bulletins douteux du premier et en annulant tous les bulletins douteux du second, bien que celui-ci soit un républicain modéré, mais il aurait dit la vérité sur les finances de la République !

Dans le département de l'Aveyron, les conservateurs ont eu une forte majorité et leurs voix sont plus nombreuses que celles de leur adversaires ; mais le scrutin d'arrondissement et l'habile maniement des circonscriptions ont donné deux sièges aux républicains qui, avec le scrutin de liste, n'y auraient pas eu un seul député.

Et l'invalidation a complété ce qu'avaient commencé la pression et la fraude. M. Thirion Montauban, gendre de M. Magne, l'éminent ministre des finances, avait été élu à Bergerac, dans la Dordogne. Et, si je cite son élection entre tant d'autres, c'est qu'il habite l'ancien château de Montaigne, où je lui ai rendu visite, et que le grand sceptique gascon aurait certainement ressenti de la sympathie pour le courage avec lequel son successeur combattait pour la cause de la liberté. La lutte contre M. Thirion Montauban avait été menée avec la dernière violence ; sa vie même avait été en danger ; mais on pouvait espérer le battre si son élection était cassée et M. Léon Say prit la parole en sa faveur. M. Léon Say n'est pas populaire à la Chambre et son intervention fut un argument décisif en faveur de l'invalidation.

Dans le Lot-et-Garonne aussi la lutte a été très vive et M. Cornélis-Henri de Witt, fils aîné de M. Cornélis de Witt, qui se présentait à Nérac, contre M. Fallières, ministre de l'instruction publique, a été brûlé en effigie. On avait été jusqu'à prétendre que son élection serait la cause d'une invasion.

On retrouve à chaque pas dans cette région le souvenir des guerres avec les Anglais et des guerres religieuses. A Nérac même, les deux Margots ont tenu leur cour brillante et Henri de Navarre y avait établi son quartier général. La révocation de l'Édit de Nantes fit beaucoup de tort à la ville, moins pourtant que la Révolution, à ce que m'assure un honnête commerçant.

« La révocation a chassé de chez nous bien des honnêtes gens, mais la Révolution a amené chez nous bien des drôles. » A Nérac, comme dans toute la France, l'un des premiers effets de la Révolution fut de beaucoup diminuer la valeur de la propriété et par conséquent la fortune même du pays. La charmante *Garenne* dont la fontaine murmurante rappelle le souvenir du Vert-Galant a été achetée, par la ville, sous le Consulat pour un peu plus de cinq mille francs. C'est un des jardins publics les plus agréables qu'on puisse voir.

La vue est très belle aussi de la terrasse du château de Peyreguilhot, près de Tonneins. C'est là que demeure M. Cornélis-Henri de Witt. Au loin s'étend la riche vallée de la Garonne avec ses plantations et ses vergers. Le tabac, la vigne, les prunes, se récoltent dans le pays ; et je crois bien que la petite commune de Nicole doit plus recevoir des Anglais, pour ses abricots précoces, qu'elle ne leur a jamais payé, comme tribut, du temps des Plantagenets.

J'ai assisté à un déjeuner de maires à Peyreguilhot. Ce n'était pas un festin de Balthasar comme celui où M Constans avait invité les magistrats municipaux de France, mais la réunion était intéressante et les convives intelligents et fins; à la fois calmes et actifs. Ils étaient tous d'accord sur la conduite financière des républicains : « La vie devenait impossible pour les cultivateurs. L'impôt foncier était accablant. Des terres aujourd'hui dévastées par le phylloxera payaient autant qu'il y a cinquante ans, quand elles étaient chargées de vignes.

M. de Witt m'a confirmé ces assertions; d'après lui, l'inégalité dans la répartition de l'impôt est aujourd'hui une des plaies de la France. En outre, les centimes additionnels grèvent les budgets des départements et des communes dans des proportions, chaque année, plus inquiétantes.

Les Français paient plus d'impôts qu'aucun autre peuple au monde. En 1885, un républicain dont les opinions ne sont pas suspectes, M. Méline, reconnaissait qu'un Allemand ne payait par tête que 44 francs, un Anglais 57 et un citoyen des Etats-Unis 59, alors qu'un Français payait 104 francs. Et depuis 1885, le poids est encore plus lourd.

M. Cornélis-Henri de Witt est conseiller général du canton de Castelmoron. Après avoir été nommé maire de la commune de Laparade, il a été poursuivi devant le tribunal de Marmande pour « corruption électorale », lors des élections municipales, et condamné à 1,000 francs d'amende, bien que l'accusation ne reposât que sur des bavardages; plusieurs de ses amis ont aussi été condamnés, mais à des amendes moins fortes. Appel fut interjeté de cette sentence et devant la cour d'Agen M. Piou, député de la Haute-Garonne et l'un des avocats les plus distingués du midi de la France, prit la défense des prévenus. La cour ne maintint pas le jugement du tribunal; mais M. de Witt n'en fut pas moins condamné à 500 francs d'amende « pour charité excessive » envers un vieillard, qui, de tout temps, avait reçu l'aumône à Peyreguilhot. N'est-ce pas là un trait instructif sur le caractère de la lutte politique en France ?

La révocation du maire de Laparade suivit de près cette étrange condamnation.

Dans un département voisin : les Landes, on a vu un maire révoqué pour un motif plus bizarre encore. M. Dubosq, maire de la commune de Labrit, avait donné à dîner à M. Lambert de Sainte-Croix, le distingué *leader* monarchique qui est mort récemment. C'était un crime impardonnable, car M. Lambert de Sainte-Croix venait de soulever les colères républicaines par un éloquent discours. M. Floquet, alors ministre de l'intérieur et aujourd'hui président de la Chambre, révoqua M. Dubosq, comme il révoqua M. Davezac de Moran, maire de Siest, qui avait osé mettre sa maison de Dax à la disposition de M. Lambert de Sainte-Croix pour une réunion! Et, à une interpellation de M. de Lamarzelle, M. Floquet eut l'aplomb de répondre que M. Dubosq, fonctionnaire de la République, s'était départi de la réserve qu'il devait observer en invitant un adversaire du gouvernement à dîner. Que dirait-on en Angleterre si Lord Salisbury révoquait un maire radical pour le punir d'avoir reçu M. Gladstone à sa table?

Ajoutez que le gouvernement qui traite ainsi les maires élus donne l'ordre aux maîtres d'école, aux facteurs, aux gendarmes, aux cantonniers de voter contre les candidats monarchiques. M. Delafosse, député du Calvados, l'a prouvé dans *le Matin*, sans contradictions. — Quant aux curés qui osent recommander à leurs ouailles de « voter pour les amis de la religion », on suspend purement et simplement leur modeste traitement.

Mais le jour où je me trouvais à Peyreguilhot, les élections n'avaient pas encore eu lieu et étaient un grand sujet de conversations.

« Nous serons battus, m'a dit l'un des maires, car le gouvernement a mis tous ses hommes en campagne. Et les électeurs disent : « A quoi bon voter si les maires et les préfets tripotent les urnes ? » Et puis, il nous faudrait un homme pour remuer les imaginations. On ne rétablira pas la Monarchie pour le principe ; mais qu'un homme vienne et on en fera un roi. »

En 1851, les électeurs ont voté pour Louis

Napoléon quand ils l'ont vu prendre carrément l'Assemblée nationale à la gorge.

En 1890, ils auraient voté pour Boulanger, si, avant l'élection, il était revenu hardiment à Paris pour demander la revision de son procès par la Haute-Cour.

Je ne crois pas que ceci soit vrai pour le Lot-et-Garonne seulement. Depuis les élections un fait s'est passé qui a secoué tous les esprits ; et le jeune duc d'Orléans en rentrant en France a vu se former autour de lui, ce que Stendhal aurait appelé « une cristallisation de sympathie ».

L'ahurissement du gouvernement, le maladroit procès intenté au prince, son internement à la Conciergerie, sa détention à Clairvaux, tout s'est réuni pour attirer les yeux de la France entière sur ce jeune homme brillant et ardent qui ne demandait qu'à faire son service. Il avait commis la contravention d'aimer la France, on l'a condamné pour flagrant délit.

Quelques jours après l'arrestation du duc d'Orléans, un de mes amis m'a montré une

lettre qu'il venait de recevoir de Normandie :
« Des millions dépensés pour la propagande n'auraient pas donné au parti monarchique la vie que lui a rendue l'acte si simple du premier conscrit. Il est devenu le petit prince pour les gens de la campagne. Les barbes grises peuvent secouer la tête ; les femmes répondent : « Nos fils y vont, c'est bien au duc » d'Orléans de partir avec eux. »

« C'est un pur-sang », a dit le duc d'Aumale de son petit-neveu.

L'effet produit en Europe par la conduite du duc d'Orléans a été clairement démontré par un article du *Nord*. L'organe de la Chancellerie russe à Bruxelles a parlé du *premier conscrit* dans des termes qui ont été partout remarqués.

Et je voudrais pouvoir citer sur l'émotion soulevée en France le langage du plus capable et du plus actif des impérialistes français : M. Paul de Cassagnac.

Le duc d'Orléans a gagné les femmes par son courage, les pères de famille par sa déférence pour le comte de Paris, les catholiques en demandant à assister à la messe, les chauvins en demandant à prendre un fusil.

Je ne veux pas quitter le Midi de la France sans parler de l'action exercée par une Société dont M. Cornélis-Henry de Witt a été l'un des plus actifs fondateurs. Sous le nom de Conférences du Sud-Ouest, cette Société a organisé une série de réunions où des orateurs populaires sont venus exposer devant des foules nombreuses les principes et le but du parti royaliste. M. Princeteau, de Bordeaux, est président de la société. Très intelligent et très influent, M. Princeteau, comme M. Calla et M. de Witt, exerce par sa parole une vraie influence sur le suffrage universel, et le résultat des élections de 1889 dans la Gironde prouve bien l'efficacité de cette organisation monarchique. Si, grâce au scrutin d'arrondissement, le gouvernement a pu s'emparer de plusieurs sièges, les conservateurs et les revisionnistes réunis n'en ont pas moins obtenu dans l'ensemble 84,376 voix contre 83,108. Avec le scrutin de liste, ils auraient pu faire élire les onze députés qui reviennent au département ; et depuis quatre ans ils ont gagné du terrain. La lutte, aujourd'hui engagée en France, est si grave que je remarque, avec plaisir, tous les faits qui semblent prouver la résistance du pays à la tyrannie jacobine. Et avant de terminer ces pages où je n'ai pu reproduire qu'une partie des notes recueillies pendant mon voyage, je ne puis m'empêcher de revenir sur ce point.

La République est condamnée à devenir la proie des radicaux, car les radicaux sont les vrais maîtres de la situation. Et le triomphe définitif de la République, dans ces conditions, c'est la ruine de la France ; c'est la disparition de son glorieux passé, c'est l'anéantissement de ses nobles qualités. Car la France sans pouvoir exécutif, sans passé et sans religion, ne serait plus que le refuge idéal pour des nihilistes. Si la France résiste et si elle l'emporte, si elle retrouve un pouvoir exécutif vraiment stable, si elle donne à tous les Français le droit de croire et d'espérer en paix, la République est perdue, car elle a prouvé qu'elle était incompatible avec tous ces biens.

M. Renan écrivait en 1872 : « Ce parti républicain qui, plein des funestes erreurs qu'on répand depuis un demi-siècle sur l'histoire de la Révolution, s'est cru capable de répéter une partie qui ne fût gagnée il y a quatre-vingts ans que par suite de circonstances tout à fait différentes de celles d'aujourd'hui, s'est trouvé n'être qu'un halluciné, prenant ses rêves pour des réalités.

» ... La légende de l'Empire a été détruite par Napoléon III. Celle de 1792 a reçu le coup de grâce de M. Gambetta ; celle de la Terreur, car la Terreur même avait également sa légende, a eu sa hideuse parodie dans la Commune. »

M. Jules Simon écrivait en 1882 :

« L'ouvrier des champs a encore des croyances ; il a des espérances d'une autre vie ; il n'a pas encore désappris à prononcer le nom de Dieu. Si jamais il devient socialiste, nous aurons la Commune dans les villes, et hors des villes la Jacquerie. Il est impossible que l'autorité ne voie pas cela ; mais l'autorité obéit au député, le député obéit à l'électeur et l'électeur au meneur...

» Il n'y aura bientôt plus que deux partis en France, celui de la dynamite et celui des bras croisés. Les modérés qui restent encore se convertissent ou à la violence ou à l'indifférence. Est-ce la France seulement qui est frappée? C'est le monde. Les communistes et les fénians ne sont pas nés sur notre sol. La France ne les produit pas, mais elle les attire.

» Cette liberté que vous prétendez établir, c'est l'oppression. Cette neutralité que vous prêchez, c'est le vœu et la conscience de l'humanité anéantis.

» Ce cléricalisme que vous appelez le seul ennemi et, qui quand on vous pousse, est le christianisme; ce cléricalisme que vous combattez, que vous exterminez, est-ce lui qui prosterne vos ministres devant vos députés et vos députés devant les électeurs? Est-ce lui qui ameute les ouvriers contre le capital? Est-ce lui qui prêche et alimente les grèves? Est-ce lui qui fabrique de la dynamite et qui fait sauter les maisons? Est-ce lui qui transforme la littérature en grivoiseries et les théâtres en lupanars? Est-ce lui qui ferme les écoles?...

Déjà le seul mot de devoirs envers Dieu vous fait peur. Vous le trouvez dangereux, vous le trouvez équivoque. Vous ne savez même plus qu'en reculant devant le nom de Dieu vous abandonnez les traditions de la France...

» Vous ne voulez pas non plus des devoirs envers la patrie. C'est un autre danger, une autre équivoque ! Vous aimez mieux écrire dans votre programme les devoirs civiques, parce qu'en enseignant ceux-là on n'a pas à craindre de confondre la France monarchique d'avant 1789, à laquelle on ne doit que de la haine, avec la France républicaine qu'il faut aimer et admirer. »

Je n'ajouterai qu'un mot à ces paroles de Jules Simon. En 1792, la théorie des *devoirs civiques* a conduit la France à la démolition brutale de l'édifice social, à la loi des suspects, à la confiscation et à la guillotine. Quelles seront en 1892, pour la France et pour le monde chrétien, les conséquences de cette théorie ?

FIN

TABLE DES MATIÈRES

CHAPITRE Ier

LE PAS-DE-CALAIS EN JUIN 1889

M. Carnot à Calais. — L'esprit provincial en France. — Le grand-père du Président. — Conversation avec un républicain. — Le programme de travaux publics. — Le besoin d'un grand Français. — Boulogne et le Boulonnais. — Opinion d'un prêtre sur la question religieuse. — Saint-Omer. Moralité des habitants. — Les progrès de l'armée française. — L'amour de la famille dans l'Artois. — La légende de Jacqueline Robins. — Le chemin de fer d'Aire-sur-la-Lys. — La question de l'instruction publique. — L'éducation de Robespierre. — Une procession à la campagne. . . . 1

CHAPITRE II

UNE RÉUNION ÉLECTORALE EN ARTOIS

L'Artois, il y a cent ans et aujourd'hui. — La réunion de M. Labitte. — L'*épuration* en France. — Ce que coûtent les élections 38

CHAPITRE III

LE BOULANGISME DANS LA SOMME

Amiens : Vingt minutes d'arrêt. — Résistance des Picards à la Terreur. — Amiens pendant la guerre. — M. Goblet. — M. Petit et les laïcisations. — L'histoire de Mlle Colombel. — Clémencistes, Ferrystes et Boulangistes. — Pourquoi l'on est boulangiste dans la Somme. — Les idées *américaines* de M. Turquet sur l'Église et l'État. — Boulanger, candidat des mères de soldats. — Influence de la troisième République sur les dépenses d'une ville. — Le budget d'Amiens pendant vingt ans. — Irlandais et Picards. — La coutume de *mauvais gré* 48

CHAPITRE IV

A TRAVERS L'ILE DE FRANCE

LA MANUFACTURE DE SAINT-GOBAIN

Paris et l'Ile de France. — L'horticulture en France et en Angleterre. — Une feuille de chou. — Saint-Gobain. — La Manufacture de glaces, il y a deux cents ans et aujourd'hui. — Rapports de la Compagnie avec ses ouvriers. — Les institutions de secours. — Saint-Gobain et ses 288 deniers. — Un directeur sous l'ancien régime. — Robespierre et Saint-Gobain. — La Compagnie depuis 1830. — Un lac souterrain. . . 80

CHAPITRE V

HISTOIRE D'UNE PETITE VILLE

Chauny. — Les fabriques de produits chimiques. — Rôle et importance des francs-maçons. — Les hôpitaux et les écoles avant et après la Révolution. — Comment les bourgeois de Chauny avaient détruit, en 1432, le château fort occupé par les Anglais. — Chauny pendant la Révolution. — Le *Cul-de-sac de la Vigilance*. — Les habitants de Chauny en 1815 et 1816. 99

CHAPITRE VI

DE CHAUNY A COUCY-LE-CHATEAU

L'auberge du *Pot d'Étain*. — La même reine pendant cinquante ans! — La Terreur en 1789. — Le château de Pinon et le château d'Anizy. — Histoire de la *belle Picarde* et du marquis d'Albret. — Les descendants de Moreau. 111

CHAPITRE VII

LES BOULANGISTES DANS L'AISNE

Coucy-le-Château. — Confidence d'un garde alsacien. — Conversation de quatre conseillers généraux républicains. — Esprit d'à-propos des paysans français. — La ville de Laon. — Les opinions d'un coiffeur. — Le boulangisme. — M. de Mandat-Grancey. — Un type de politicien républicain. — M. Doumer et son grand rapport sur les sociétés coopératives 121

CHAPITRE VIII

VALENCIENNES ET LES MINES D'ANZIN

A Valenciennes. — Le coussin de Jean Party. — Histoire d'une grande Compagnie minière. — Anzin. Ses débuts. Son développement. — Les ouvriers d'Anzin. — Société coopérative. — Influence des crises politiques sur la production du charbon. — La Caisse nationale de retraites pour la vieillesse. — La grève de 1884 et Basly. — Propreté des mineurs. — Les mineurs du Nord et les mineurs du Midi. — La potasse. — Saint-Amand-les-Eaux. 139

CHAPITRE IX

LILLE

La France flamande. — Développement de l'instruction. — Sacrifices des catholiques du Nord. — L'intempérance et l'ivrognerie. — Le fonds Masurel. 179

CHAPITRE X

LE VAL-DES-BOIS ET LES CORPORATIONS D'OUVRIERS

Reims. — Mgr Langénieux. — Le Val-des-Bois et M. Harmel. — Les cercles catholiques d'ouvriers et M. de Mun. — La statue d'Urbain II. — Châtillon-sur-Marne. — La campagne anti-sémite jugée par un prêtre. — La guerre religieuse. 199

CHAPITRE XI

LA MAISON DE JEANNE D'ARC

Domrémy. — La maison de Jeanne d'Arc. — Sa laïcisation. — La Princesse Marie d'Orléans. — La Bannière des zouaves de Charette. — Un adorateur américain de Jeanne d'Arc. — Le Château de Bourlemont. — La Princesse d'Hénin et Mme de Staël. — Les élections dans les Vosges en 1889. 240

CHAPITRE XII

EN NORMANDIE

L'instruction primaire en France. — Le Val-Richer et M. Guizot. — Protestants et catholiques. — MM. Conrad et Cornélis de Witt. — Une élection dans le canton de Cambremer. — Un électeur de 400 livres. — Les pommes et les élections. — Les Bouilleurs de cru. — M. Bocher. — Dans l'Eure. — Le duc de Broglie. — Le château de Broglie. — La vieille France et l'armée moderne. — Eu. — Le Comte et la Comtesse de Paris. — « Nous sommes royalistes parce que nous connaissons le Comte de Paris! » — Les radicaux maîtres du gouvernement 251

CHAPITRE XIII

DE MARSEILLE A BORDEAUX

Marseille et les Bouches-du-Rhône. — M. Fournier. — Catholiques et protestants. — Le Gard. — Procédés électoraux. — Le Lot-et-Garonne. — Nérac. — Un déjeuner de maires à Peyreguilhot. — « Charité excessive ». — Il faut parler aux imaginations. — Le duc d'Orléans. — Les conférences. — La Gironde. — France et République. — M. Renan et M. Jules Simon. — Conclusion 295

DERNIÈRES PUBLICATIONS

Format grand in-18, à **3 fr. 50** le volume.

	vol.		vol.
ÉMILE AUGIER		**PIERRE LOTI**	
Théâtre complet	7	Le Roman d'un enfant	1
C^{sse} DE CASTELLANA-ACQUAVIVA		**YVES DE NOLY**	
Le Secret de Maroussia	1	Raison d'État	1
CHUT!		**JACQUES NORMAND**	
Fredaines	1	Contes à Madame	1
ÉDOUARD DELPIT		**DUC D'ORLÉANS**	
Yvonne	1	Récits de campagne	1
DÉROULÈDE		**J. DE PONTEVÈS-SABRAN**	
Histoire d'amour	1	Notes de voyage d'un hussard	1
ALEXANDRE DUMAS FILS		**HENRY RABUSSON**	
Nouveaux Entr'actes	1	Idylle et Drame de salon	1
OCTAVE FEUILLET		**ERNEST RENAN**	
Honneur d'artiste	1	Pages choisies	1
GYP		**SAINT-SAËNS**	
L'Éducation d'un prince	1	Harmonie et Mélodie	1
LUDOVIC HALÉVY		**LÉON DE TINSEAU**	
Notes et Souvenirs	1	Strass et Diamants	1
HENRY HOUSSAYE			
Aspasie, Cléopâtre, Théodora	1		

IMPRIMERIE DE SAINT-OUEN, 86, RUE DES ROSIERS. — 12288-7-90.

www.ingramcontent.com/pod-product-compliance
Lightning Source LLC
Chambersburg PA
CBHW060515170426
43199CB00011B/1453